LA NOUVELLE THÉORIE

DE LA

SUGGESTION

destinée à expliquer l'Hypnotisme

PAR

le R. P. Jean-Joseph FRANCO, S. J.

EXAMEN CRITIQUE TRADUIT DE L'ITALIEN

par Aug. ONCLAIR, prêtre

PARIS

TÉQUI, LIBRAIRE-ÉDITEUR

85, RUE DE RENNES, 85

—

1892

LA NOUVELLE THÉORIE
DE LA SUGGESTION
destinée à expliquer l'Hypnotisme

LA NOUVELLE THÉORIE

DE LA

SUGGESTION

destinée à expliquer l'Hypnotisme

PAR

le R. P. Jean-Joseph FRANCO, S. J.

———❧———

EXAMEN CRITIQUE TRADUIT DE L'ITALIEN

par Aug. ONCLAIR, prêtre

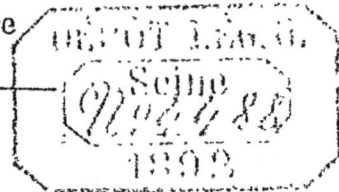

PARIS

TÉQUI, LIBRAIRE-ÉDITEUR

85, RUE DE RENNES, 85

—

1892

PRÉFACE DU TRADUCTEUR

LE PÈRE FRANCO — SON RÔLE — L'HYPNOTISME.
LA SUGGESTION

Le R. P. Franco de la Compagnie de Jésus
est l'un des rédacteurs les plus solides, les
plus attachants et les plus féconds de la célèbre Revue romaine la *Civiltà cattolica*. Sa
mission spéciale paraît être de démasquer
l'antichristianisme hypocrite et de lui infliger
de ces défaites dont une doctrine ne se relève
pas. Et, à vrai dire le vaillant et savant jésuite
nous paraît merveilleusement outillé pour
cette besogne ardue et répugnante. Bien qu'il
nous honore de son amitié, et qu'il soit pro-
digue envers nous de ses encouragements
sympathiques, nous ne craignons pas d'excé-
der en faisant son éloge, comme penseur et
comme écrivain. Doué d'une facilité de travail
prodigieuse, d'un rare bon sens, de connais-

sances profondes et étonnemment variées,
d'une grande perspicacité à découvrir l'erreur,
le P. Franco sait à merveille la démasquer,
l'accabler sous les coups d'une logique sévère
et parfois même sous les traits du ridicule
acéré oui, mais néanmoins toujours chrétien-
nement charitable. Malgré sa tâche si labo-
rieuse, si bien remplie de publiciste, il trouve
le temps, nous ne savons comment, d'allier
avec elle la vie du missionnaire, du prédica-
teur, du directeur des consciences. Chose plus
surprenante encore, il sait même se faire ro-
mancier attachant et plein d'une *humour* qui
ne le quitte jamais. Ses écrits jouissent en
Italie d'une vogue bien méritée, et à notre
humble avis ce sont des modèles du genre. Il
s'y montre aussi aimable, qu'il est riche d'éru-
dition, et d'une logique implacable dans sa
lutte contre l'impiété contemporaine.

Il a arraché d'une main ferme et sûre son
masque à la secte maçonnique qui, devenue
triomphante par la complicité des pouvoirs
publics sectaires ou imbéciles a prouvé combien les photographies du Jésuite étaient fidèles et prises sur le vif.

Il a démontré l'impiété diabolique, en même

temps que la niaiserie du spiritisme, cette mystique de la franc-maçonnerie.

Il a pris à partie la magie des Égyptiens, des gnostiques, des sorciers du moyen âge remise en honneur de nos jours, sous le nom d'*hypnotisme*. Cette théorie nouvelle, il l'a disséquée et étudiée sous toutes ses faces, d'après les données de la science sérieuse et de la science de contrebande, et aussi d'après les enseignements de la foi qui ne trompe jamais parce qu'elle est la lumière de Dieu ; il a dit ce qu'il peut y avoir chez elle de naturel, d'admissible ; et avec quelles précautions. Mais, le P. Franco n'appartient pas à la race des endormeurs de la conscience humaine trop amis des concessions qui s'acquièrent aisément ainsi un renom de modération (pauvre modération !) et de gravité scientifique (triste gravité !). Ce qu'il voit il le dit, ce que la science et la foi lui enseignent, il le proclame. Il pèse les arguments de la soi-disante science moderne et, bien des fois, il les trouve par trop légers. Il laisse parler ses adversaires, les écoute avec calme, leur propose modestement ses objections, leur reproche leurs contradictions, leurs pétitions de principe et finit par conclure avec netteté, avec lucidité, avec force. On a combattu sa doctrine, on ne l'a pas réfutée. A la fin d'ordinaire le directeur des âmes apparaît, et trace d'une main ferme la ligne de conduite à suivre. Celle-ci est sage, prudente, motivée, aussi éloignée d'une exagération fanatique que d'un laxisme dangereux et criminel.

Nous avons traduit nous-même l'étude de notre savant ami sur le spiritisme. L'édition est épuisée.

Le livre du P. Franco sur *l'hypnotisme*, outre les trois éditions italiennes, a eu l'honneur d'être traduit en plusieurs langues. La première traduction française a été faite par M. Villiers de l'Isle-Adam et imprimée au Mans. La seconde a eu pour auteur M. l'abbé Moreau curé d'Hulsonniaux près de Dinant. Cette traduction, nous dit-on, a été favorablement accueillie, et une réimpression allait devenir nécessaire, quand a paru une brochure récente du P. Franco, où celui-ci soumet à un examen rigoureux *la théorie suggestioniste* de l'école de Nancy et de son chef tapageur M. le docteur Bernheim. C'était, nous semblait-il, à l'abbé Moreau que revenait l'honneur et la

charge de donner au public la traduction de
cet opuscule qui, à nos yeux, est un chef-
d'œuvre de discussion scientifique, d'observation judicieuse, de logique péremptoire et de
sagesse pratique. A la suite d'une lettre que
le P. Franco nous avait écrite, en nous
envoyant sa brochure, nous nous sommes
adressé à l'abbé Moreau, pour le prier d'en-
treprendre ce nouveau travail et de compléter
ainsi sa traduction.

Son chargé d'affaires, en Belgique nous
ayant appris que M. Moreau avait quitté la
Belgique pour le Congo, force nous a été d'in-
terrompre certains travaux commencés et de
nous charger nous-même de faire connaître
au public, avec l'approbation expresse de son
auteur le récent travail de l'éminent publiciste romain.

Avant de mettre la main à l'œuvre, qu'il
nous soit permis de donner au lecteur une
idée succincte du livre du P. Franco.

Il lui a donné pour titre : *De la nouvelle
théorie de la suggestion destinée à expliquer
l'hypnotisme.*

1° Après avoir exposé la théorie suggestic-
niste telle que la propose l'école de Nancy et

son chef M. Bernheim, le savant jésuite dé-
montre d'après les données de la science
sérieuse et du bon sens que les phénomènes
hypnotiques constituent un état morbide souvent dangereux.

2° Que la suggestion n'explique ni le sommeil
du sujet, ni les phénomènes réalisés chez lui,
que les prétendues explications des suggestionistes renferment des hypothèses sans fondement, contraire souvent aux données de l'expérience et aux lois certaines de la nature.

3° Que la dissociation des centres nerveux
est tout simplement un leurre inventé pour
les besoins de la cause, et, du reste impossible
à réaliser par la suggestion.

4° Il en est de même de l'empire que prend
le suggestionneur sur le sujet. Cet empire très
réel ne saurait être attribué à la suggestion,
à moins qu'on ne consente à accepter comme
des vérités démontrées des contradictions sans
nombre.

Cette démonstration, on le voit, est d'une
haute gravité. Non seulement elle renverse
de fond en comble la théorie suggestioniste,
mais elle aboutit à taxer celle-ci de billevesée
scientifique ou d'imposture, au choix.

Nous prions nos lecteurs de peser avec calme les arguments du P. Franco, de ne pas se payer de mots, de la nomenclature des guérisons attribuées à la suggestion; mais de réclamer des raisons, des interprétations solides.

Tout homme qui a la conscience de sa dignité est intéressé à ne pas se faire la dupe d'une science problématique ou de l'imposture.

Pour notre part, nous le déclarons sans détour : nous adhérons pleinement aux conclusions du P. Franco, et nous espérons que nos lecteurs, après avoir lu ce travail substantiel et admirablement raisonné seront de notre avis, ou plutôt de celui de l'éminent théologien qui a écrit ces pages lumineuses.

Aug. ONCLAIR,

Prêtre.

LA NOUVELLE THÉORIE
DE LA SUGGESTION

destinée à expliquer l'Hypnotisme

I

PREMIERS ESSAIS D'EXPLICATION :
LES FLUIDES, LA DISPOSITION MORBIDE, L'IMAGINATION

Les phénomènes hypnotiques, se répandent et se propagent, à vue d'œil, au sein de la société civilisée. Ils remplissent les cliniques des hôpitaux, et les professeurs dissertent sur eux du haut de leurs chaires; les gouvernements et les tribunaux les admettent bien des fois comme démontrés; ils en tiennent compte dans les lois qu'ils portent, et dans l'application de ces lois. Pour fermer les yeux en présence de faits qui se multiplient par millions et sont observés par des hommes sérieux, probes et savants; bien plus encore, pour les rejeter tous en bloc il faut renier la raison humaine et le bon sens. Il n'y a aucune grandeur d'âme à contredire l'attes-

j

tation du genre humain; c'est au contraire de la présomption de la part de celui chez qui l'orgueil va de pair avec l'ignorance. Et cependant, certains hommes de quelque valeur, se sont donné ce ridicule. En 1856, un célèbre philologue français, M. Littré, crut pouvoir expliquer les faits du magnétisme animal, par la simple illusion subjective. A peu près en même temps, Louis Stefanoni publia un livre sur le magnétisme et l'hypnotisme, dans le but de faire croire que les phénomènes n'existent pas. C'est à peu de chose près, la reproduction de la théorie de Littré. Tous deux, en d'autres termes, expliquent les faits en contestant leur existence. Ce sont les préoccupations de leur athéisme, croyons-nous, qui ont induit ces deux écrivains à embrasser cette opinion insoutenable. Ces deux athées fameux, ces deux matérialistes craignaient peut-être que des phénomènes susdits, il ne jaillit quelqu'étincelle d'esprits ultramondiaux et d'opérations prœternaturelles. En fait ils n'obtinrent qu'une chose : la compassion bienveillante du petit nombre de leurs lecteurs (1).

Le magnétisme et l'hypnose qui n'est qu'une forme à peine distincte du premier, si tant est qu'elle s'en distingue en quelque chose, sont des faits-historiques, universellement admis sur des

(1) Littré est mort depuis dans des sentiments chrétiens.

témoignages au-dessus de toute contestation ; et les faits ne se réfutent pas par des théories.

Or quelle est la cause propre, naturelle, adéquate de ces faits ? Voilà le point au sujet duquel les écrivains qui s'en sont occupés se séparent et se contredisent. Nous ne savons pas quelle est l'opinion qui aura la vogue demain ; mais celle qui l'a aujourd'hui à un haut degré est, sans contredit, la suggestion. La suggestion, nous dit-on, rend complètement raison des phénomènes hypnotiques, et fait voir qu'ils sont un simple travail de la nature. Rien par conséquent n'empêche de s'en servir dans un but thérapeutique, comme d'un instrument pédagogique, et même, pourvu qu'on le fasse avec discrétion, en guise d'amusement.

Il importe à notre but de savoir historiquement par quelles voies et quels degrés certains et même beaucoup d'hypnotistes en sont venus à se cantonner dans cette opinion. Pour ne pas remonter trop haut dans l'histoire du merveilleux, contentons-nous de rappeler que l'hypnotisme est fils du mesmérisme ou du magnétisme, à l'époque où celui-ci voguait de concert avec le spiritisme. Pour mieux dire, il est en substance une seule et même chose, et n'en diffère qu'en apparence, dans ce sens qu'il se présente au public dépouillé de certaines niaiseries accidentelles et superflues, afin de recevoir meilleur accueil auprès des savants naturalistes. Aujourd'hui ceux qui ont écrit sur la matière conviennent de cette identité. Les docteurs en médecine n'en doutent pas, et Paul Richer, Bernheim, A. Mosso, Crescence, Conca, Henri Morselli, D. G. Guermonprez et d'autres, l'avouent en terme exprès. Le célèbre hypnotiseur Donato se déclare l'émule de Mesmer (1). Elie Méric, un grave théologien très versé dans la pratique des phénomènes, commence son livre sur l'hypnotisme par cette phrase : « Nous assistons à la renaissance du magnétisme (2). » Et la raison, du reste, le prouve, puisque les phénomènes de l'un et de l'autre se ressemblent à merveille.

Si donc nous remontons au docteur Antoine Mesmer, nous savons que celui-ci assignait comme cause naturelle aux phénomènes nouveaux, un fluide universel répandu dans le monde entier.

Ses disciples substituèrent successivement à ce fluide d'autres fluides de dix ou quinze espèces différentes. Et il ne faudrait pas croire que la veine inventive de fluides magnélogènes ou hypnogènes soit désormais épuisée. Nous avons vu naître, en effet, le fluide hystérique inventé par le docteur

(1) Il le répète à plusieurs reprises dans les premières pages de la Revue des Sciences physiopsychologiques, par Donato. N. S. Paris, 10 février 1886.

(2) Elie Méric, Le Merveilleux et la Science.

Constantin James (1), et nous ne savons plus dans
quelle séance académique récente, le fluide neurique
radiant découvert par le docteur Barety. Ces fluides
nés d'hier, sont allés se mettre à la file de leurs
prédécesseurs vieillis et abandonnés, du fluide magnétique, vital, sympathique, animal, zoomagné-
tique, électrodynamique, éthéré, iodique, spirodique
escargotique, et Dieu sait de combien d'autres
encore. A ces fluides on peut ajouter encore les
inventions de la force nerveuse transmissible, de la
réverbération des idées, de la dualité du cerveau, du
privilège adamitique, et autres semblables. Toutes
ces découvertes lumineuses après avoir brillé quelque temps sur les scènes académiques ont disparu
de l'horizon bafouées par la science commune des
philosophes, et les enseignements de la médecine.
Les hommes sensés faisaient remarquer que les
fluides en question et les autres instruments d'interprétation étaient des inventions gratuites qui ne
reposaient sur aucune expérience physique. Pour
les fluides en particulier, on objectait que, même en
les admettant, on ne comprenait pas comment le
magnétiseur pouvait s'en emparer, les gouverner,
les faire passer chez le magnétisé, et les faire servir
à son but. On objectait encore le fait certain de plusieurs sujets qui s'étaient magnétisés eux-mêmes,

(1) Doct. *Constantin James, L'hypnotisme expliqué* etc.
Paris, 1888. 8° p. 58.

sans le concours d'aucun magnétiseur, ce qui s'appelle l'automagnétisme ou l'autohypnotisme. Comment soutenir la transmission du fluide, alors que celui qui le transmet fait défaut?

Il était donc naturel de voir surgir l'opinion qui attribuait les phénomènes magnétiques et surtout les phénomènes hypnotiques d'aujourd'hui à quelque chose de subjectif et d'individuel, indépendant d'un fluide quelconque venu du dehors. Bon nombre d'esprits se rapprochèrent de la théorie de Braid, le réformateur et pour ainsi dire le vulgarisateur du magnétisme qui, après lui, prit le nom d'hypnotisme, ou comme il le définit lui-même : *de sommeil nerveux* (1).

Les phénomènes hypnotiques n'étaient à ses yeux et à ceux de ses adhérents autre chose qu'un dérèglement, un trouble morbide provoqué artificiellement. Pour rendre raison de leur apparition innaturelle et forcée chez les sujets hypnotisés on voulut faire croire qu'ils provenaient, au moins d'une façon initiale, des actes hypnogéniques de l'hypnotiseur, en d'autres termes : des actes posés par celui qui hypnotise un sujet en vue de produire le sommeil chez ce dernier.

---

(1) *James Braid*. Neuripnologie, traité du sommeil nerveux ou hypnotisme. Traduit de l'anglais par le docteur Jules Simon. Paris, 1883, 12°. L'ouvrage original en anglais est édité à Londres en 1843.

Ces actes ont été d'une variété presqu'infinie chez les anciens et aussi chez les modernes. Mesmer hypnotisait à l'aide des baquets d'eau, des baguettes de fer, et des attouchements que tout le monde connaît. Plus tard on eut recours aux passes, aux mouvements à distance, au souffle, à la parole impérieuse, à la fascination du regard. Plus tard encore on inventa les magnétisations de loin, par l'envoi d'objets qui envoyés d'un endroit éloigné servaient à magnétiser le destinataire; une carte de visite suffisait. A partir de Braid jusqu'à l'heure actuelle, on hypnotise en faisant fixer les regards sur un objet lumineux, ou bien encore le magnétiseur fixe le sujet à hypnotiser. C'est la méthode favorite de Donato qui l'appelle fascination. D'autres docteurs ont recours à différents moyens pour produire le sommeil : fixation du regard, commandement impérieux, lumière, bruit, chatouillement, aimant, etc. On peut voir à ce sujet le grand ouvrage récent du docteur Paul Richer qui consacre environ dix-sept pages de son livre à ces instruments hypnogènes (1).

Tandis que la majeure partie des hypnotistes se renfermait dans la conviction que l'hypnose n'était qu'une maladie ayant son étiologie patho-

(1) Doct. PAUL RICHER. *Etudes cliniques de la Grande Histérie* etc. 2ᵉ éd. Paris, 1885. pp. 519-536.

logique propre, certains tentaient au contraire
d'attribuer ces merveilleux phénomènes à un simple
travail de l'imagination. L'hypnose, disaient-ils n'est
pas un état pathologique, c'est un état psychique
spécial, un état d'imagination exaltée. Voilà l'origine occulte des phénomènes, leur cause prochaine
et complète. Dès l'origine du magnétisme, Mesmer
ne prenait pas d'autre point de mire que l'imagination du patient (1). D'autres l'ont imité. Récemment
encore le docteur Guermonprez écrivait : « Dans
l'hypnotisme, l'imagination est tout (2). » Et le docteur Vizioli dit à son tour : « Il n'y a, dans toutes
ces pratiques, rien d'objectif; c'est uniquement
l'idée qui fait impression sur l'imagination, l'idée
qui, dans des cerveaux suggestibles, se transforme
immédiatement en acte (3) ».

Et, il faut bien l'avouer, les philosophes de l'imagination avaient trop beau jeu. Les livres et les dic-

(1) Deslon lui-même, le premier élève de Mesmer avait
écrit en 1780 : « M. Mesmer n'avait d'autre secret que
de faire agir l'imagination efficacement pour la santé etc. »
Docteur BERNHEIM. *De la suggestion et de son application à la
Thérapeuthique.* 2ᵉ éd. Paris, 1888. p. 153.

(2) Doct. GUERMONPREZ. (Faculté cath. de Lille). *L'hypnotisme et la suggestion.* Cet opuscule est traduit en italien
et augmenté par le docteur VENTUROLI. Bologne 1889. Voir
à la page 20.

(3) Doct. Raph. VIZIOLI. *La suggestion thérapeutique.* Extrait du *Journal de Neuropathologie.* 4ᵉ ann. vᵉ et vᵏᵉ livre.
Naples. Tocco 1887. page 2 et suiv. (en italien).

tionnaires médicaux sont pleins des effets puissants
et capricieux de l'imagination, et le vulgaire lui-
même l'appelle d'ordinaire la folle du logis. C'était
donc le cas ou jamais, de lui endosser les phénomènes extravagants de l'hypnotisme. On crut avoir
fait là une heureuse découverte qui permettait de
se passer des services de tous les fluides imaginaires
tombés en discrédit. D'autant plus que l'imagination
servait également à expliquer les cas d'hypnotisme
relatif causé par une personne agissant sur l'imagination d'autrui, et les cas d'hypnotisme réflexe,
c'est-à-dire d'hypnotisme produit par la volonté
propre de l'hypnotisé, s'excitant lui-même.

1.

II

ON A RECOURS A LA SUGGESTION

On croyait donc avoir fait faire un grand pas à l'interprétation naturelle des faits hypnotiques. Mais les gens intelligents qui certes ne contestaient pas la terrible et mystérieuse puissance de l'imagination réclamaient un surcroit de renseignements avant d'accepter comme *naturels* les phénomènes attribués à la faculté imaginative. Comment, demandaient-ils ce puissant engin de l'imagination est-il mis en mouvement? Qui donc le déchaîne et lui donne carrière? Qui lui fait produire ces phénomènes de sommeil instantané, d'insensibilité, et immédiatement après de sursensibilité opposée, de cécité et de vigueur visuelle, de loquacité et de mutisme, d'agitation et d'inertie, et cent autres renversements et redressements des sens? Qui produit l'exaltation des facultés mentales, au point que l'on se souvient de faits oblitérés, que l'on se crée des images d'une vivacité extraordinaire, que l'on improvise des travaux littéraires et artistiques qu'on n'a jamais essayé de produire par le passé; que

l'on veut des choses qu'on n'a jamais voulues, des
choses qui répugnent aux habitudes morales de la
personne? Comment l'imagination fait-elle d'autre
part qu'on oublie des choses que l'on sait parfaite-
ment, que l'on ne connaît plus ses amis les plus
intimes, qu'on renie sa propre personnalité qu'on
ignore son propre nom, que l'on devient stupide
hébété, que l'on est en proie à des hallucinations
extravagantes? Qui est-ce donc demandent les gens
sensés qui est-ce donc qui dirige l'imagination de
l'hypnotisé, au milieu de ce labyrinthe de divagations? Qui arrête l'imagination sur sa route pour la
pousser instantanément dans une direction opposée?
Qui lui coupe les ailes et la force de s'arrêter à
l'improviste dans l'élan qu'elle a pris? Qui la contraint de rentrer dans son état ordinaire? En un
mot, les sages voulaient qu'on leur expliquât de
quelle manière l'imagination faculté organique et
sans frein qui a coutume de se porter aventureuse-
ment là où la poussent la sensation, et l'infirmité
des organes qui la servent, et de cheminer dans
cette voie sans ordre ni retenue, comment l'imagination devenait obéissante et désobéissante envers
le sujet, mais obéissait toujours à l'hypnotiseur.
Ils demandaient pourquoi et comment un homme
peut mettre un frein à l'imagination d'autrui; et la
conduire avec une assurance telle que le sujet
hypnotisé devienne un automate, une machine

inconsciente (comme disent les hypnotistes) entre les mains du maître, prêt à poser sur un signe de celui-ci des actes contraires aux lois naturelles, biologiques, physiologiques et morales ?

Le problème était ardu. Il était excessivement difficile de lui donner une solution plausible. Le célèbre James Braid celui qui créa et arma de toutes pièces l'hypnotisme (Richer déclare qu'il n'a pour ainsi dire rien laissé à découvrir à ceux qui sont venus après lui.) James Braid était importuné de cette question. On lit avec plaisir l'aveu loyal qu'il fit devant une société médicale anglaise, celui de l'impossibilité où il était d'expliquer comment ses manipulations (*actes générateurs de l'hypnose*) produisaient les phénomènes. Ce serait pour lui, disait-il, une grande faveur, si quelqu'un était à même de l'éclairer (1). Le docteur Charcot, bien qu'il soit le restaurateur de l'hypnotisme en France, se contentait d'exposer les faits, de renouveler les expériences, mais sans en donner la moindre explication (2). Bernheim rend lui-même témoignage de cette honnête et prudente réserve du fameux chef d'école de l'hypnose (3), et l ajoute, au même endroit que les deux disciples les plus

(1) Ouvr. cité pag. 13.
(2) Le docteur *Carlaz* l'affirme dans la Revue de Paris *La Nature*. Num. du 18 janvier 1892.
(3) *Bernheim*. Ouv. cité page 168.

illustres de Charcot. Bourneville et Regnard ont
décrit dans leurs livres les cas observés, mais sans
s'aventurer à en donner la théorie. Nous avons
entre les mains le remarquable ouvrage du docteur
Paul Richer, un élève lui aussi, de Charcot, et un
élève dirigé et approuvé par lui, et nous n'y trouvons pas un mot qui indique ne fut-ce que l'inten-
tion de donner une explication des phénomènes
hypnotiques. Richer les décrit, les analyse, tels
qu'il se sont produits sous ses yeux et entre ses
mains, mais il croit si peu connaître leur cause
intime, qu'il refuse même d'ajouter foi aux cures
rapportées par Braid. Quant aux cures innombrables attestées par les modernes, il déclare que
ce sont des cas particuliers dont on ne peut déduire
ni des règles ni une méthode générale (1). En
Italie les médecins hypnotistes demeurent jusqu'à
ce jour fidèles à cette école, dont les doctrines ont
été importées en Italie, surtout par le Dr Melotti
qui les a recueillies de la bouche de Charcot lui-
même (2).

On peut dire en général que la grande majorité
des médecins, à Paris, en France, en Italie, en

(1) *Richer.* ouv. cité page 795.
(2) J. M. *Charcot.* Nouvelles leçons sur les maladies du
système nerveux faites à la Salpêtrière... et recueillies avec
le consentement de l'auteur, par le docteur *Jules Melotti,*
Milan, Florence etc. Vallardi. (Sans date, mais le livre est
de 1887) 8o italien.

Allemagne et un peu partout se sont contentés de marcher sur les traces de Braid, de Charcot, et de leur école qui a pris le nom d'école de l'hôpital de la Salpêtrière où le Braidisme a repris naissance. Ses adeptes se sont fréquemment servis de l'hypnotisme, dans le traitement de différentes maladies, mais ils se sont rarement aventurés à en retracer théoriquement le procédé physiologique et thérapeutique. Les faits étaient nombreux, mais la science des faits à peu près nulle. Cependant parallèlement pour ainsi dire à l'école dite de Paris, mais répandue à peu près dans toute l'étendue du monde médical, il s'est élevé une autre école plus courageuse qui se vante d'avoir trouvé la clef du secret, et d'en avoir découvert l'explication vraie et unique. Elle avait à sa tête le docteur Liébault et quelques autres professeurs de la faculté de médecine de Nancy. Ces messieurs enseignaient que le sommeil hypnotique et tous les phénomènes qui l'acompagnent étaient physiologiquement causés par la *suggestion*. La première idée de cette découverte est venue, paraît-il, à un pauvre prêtre indien du nom de Faria qui imposait le sommeil hypnotique par le simple commandement : *Dormez*. Cette idée a été mieux appliquée, et réduite à l'état de théorie par Braid, bien que celui-ci fît consister l'essence de l'hypnotisme dans le sommeil nerveux. Elle a été perfectionnée par Liébault, illustrée et défendue, pour la première fois, par Bernheim, professeur lui aussi à la faculté de Nancy, comme Charcot l'est à celle de Paris ou à la Salpêtrière. Voici sa thèse : « C'est la suggestion qui domine la plupart des manifestions de l'hypnose... *la suggestion est la clef du braidisme* (1).

Expliquons ce qu'on entend par suggestion, et tâchons d'exposer avec clarté l'hypothèse de son action naturelle dans les phénomènes hypnotiques, d'après les maitres qui ont adopté cette opinion.

(1) *Bernheim.* Ouv. cit. Avant *propos,* p. s. Il admet même l'hypnotisation par lettre et par téléphone (pp. 5-6.)

III

LA SUGGESTION ET SON ACTIVITÉ SUPPOSÉE

Il est parfaitemént vrai, qu'une invitation ou une suggestion de l'opérateur adressée au sujet est presque toujours intervenue dans la détermination des phénomènes hypnotiques, magnétiques, mesmériques, et aussi dans celle des phénomènes spirites dont nous ne parlons pas ici. L'usage constant de la suggestion est historiquement certain. Elle a pu être parfois plus explicite, et parfois l'être moins, claire et formelle, comme celle dont usait l'abbé Faria, cachée et impliquée dans les actes hypnogéniques que nous avons mentionnés plus haut, tels que paroles, gestes, regards, présentations d'objets brillants, et ainsi de suite. Elle est quelque fois imperceptible, dit Bernheim « constitue peut-être une véritable atmosphère suggestive (p. VII. 3ᵉ éd.) » Il suffit même que le sujet se l'imagine ou la devine simplement. Et, dans les cas d'autohypnotisme, l'agent qui suggère faisant défaut, il est suppléé par l'effort que fait la personne pour fixer son imagination et s'hypnotiser elle-même. En somme la suggestion peut intervenir à un très faible degré; mais dans cette hypothèse, sans suggestion, l'hypnose ne s'obtient pas.

Il est à remarquer que les médecins, qui ne lui attribuent aucune efficacité spéciale dans la production des phénomènes, mais qui la considèrent comme un expédient naturel pour attirer l'imagination du patient sur le phénomène que l'on veut obtenir, que ces médecins là même y ont recours. L'école de la Salpêtrière et jusqu'à cette heure la grande majorité des médecins partagent cette opinion et suivent cette pratique. Ils sont d'avis, en effet, que l'hypnose n'est autre chose qu'une maladie nerveuse, et que ses phénomènes ne sont que des symptômes de cette maladie. Et de fait que l'hypnose constitue réellement une maladie nerveuse, quoique provoquée artificiellement, et aisée à faire disparaître, nous l'avons démontré ailleurs, par des arguments palpables, et sur la foi d'autorités médicales renommées et compétentes d'Italie et d'ailleurs (1).

Néanmoins, dans les descriptions que font les médecins des phénomènes provoqués par eux et des cures tentées ou obtenues chez leurs clients, ils ne

(1) V. FRANCO. *L'hypnotisme remis à la mode*, 3e édit. Prato pp. 90-105. Ce livre remarquable, et irréfutable, selon nous, a été traduit en français par l'abbé Moreau. Paris 1891. 16e pag. 380. Il a été traduit en espagnol par le Dr de Font. 3e édition, les deux traductions contiennent les additions que l'Auteur a faites à son texte primitif.

négligent jamais de noter les suggestions dont ils se sont servis dans leurs opérations, quand la chose était possible. Tous leurs écrits en sont pleins, ceux de Charcot et de ses élèves, ceux de Lombroso, de Mosso, de Morselli, de Vizioli, de Conca, de Seppilli, de Rainaldi, etc., en Italie.

Il est vrai de dire toutefois, que l'école commune des hypnotistes qui à la suite de Charcot, (1), admet trois stades dans l'hypnose : le sommeil tantôt plus, tantôt moins léthargique, la catalepsie et le somnambulisme ne pouvait pas appliquer uniformément la suggestion, dans tous les stades de l'hypnose. Elle est presqu'impossible, d'après eux, dans le premier stade du sommeil ; mais elle est remplacée par les pressions, les frictions, et d'autres moyens que l'on trouvera décrits chez les écrivains cités plus haut et d'une façon très minutieuse dans Richer. Pareillement, la suggestion est malaisée pendant la catalepsie bien que celle-ci n'abolisse pas toujours complètement l'activité des sens et de l'intelligence. Mais ces docteurs se rattrappent largement quand il s'agit de gouverner le sujet par voie de suggestion, quand il a été poussé jusqu'au stade du somnambulisme : ce qu'ils obtiennent par différents moyens et surtout par les frictions sur le sommet de la tête. Alors, ils sug-

(1) CHARCOT-MELOTTI. Ouv. cit. leçon 3e.

gèrent et produisent des mouvements et des paralysies à leur gré, du froid et du chaud, des goûts
et des odeurs faux, la cécité, et la vue pénétrante
des hallucinations de musiques et de spectacles
imaginaires, des colères, des terreurs, des amours
sans raison. Alors, ils peuvent imposer l'oubli des
choses passées, l'impuissance à vouloir quoique ce
soit; ils peuvent condamner le sujet à poser des
actes dans un temps à venir, en dehors de l'hypnose;
alors, (disent-ils) l'on peut transporter certains
maux physiques d'une partie du corps d'un malade
à une autre, à l'aide d'un aimant, et même, si nous
en croyons certaines expériences récentes, trans-
férer certaines affections morbides et certaines
hallucinations des sens d'un hypnotisé à un autre.

Dans tout ce mélange de phénomènes, il est clair
que la suggestion intervient durant les premiers
stades de sommeil et de catalepsie, dissimulée et la-
tente au fond des actes générateurs de l'hypnose,
ouvertement et formelle pendant la troisième stade.
Toutefois, d'après cette école, le résultat des tenta-
tives serait nul, sans la prédisposition hystérique
ou neurotique et pathologique qui est le véritable
terrain où germent les phénomènes. La suggestion
sert à les déterminer; mais elle n'en est pas la
cause efficiente.

L'école des suggestionistes au contraire, celle de
Nancy pense et raisonne d'une façon toute opposée.

Nous allons exposer ici sa manière de voir, sans
suivre aucun auteur exclusivement, mais en retra-
çant brièvement dans toutes ses parties, la théorie
de la suggestion telle qu'elle ressort des explications données par les hommes les plus estimés de
ce parti. Nous citerons souvent les paroles mêmes
du Dr Bernheim considéré à juste titre, par les
champions de cette opinion, comme un porte-drapeau et un chef d'école.

1° L'école suggestioniste nie que l'hypnotisme ne
puisse se développer chez d'autres que ceux qui y
sont prédisposés par névropathie, par hystérisme
ou par d'autres affections morbides pareilles. « Il
peut se produire chez la majorité des sujets sains
de corps et d'esprit. Dans une salle d'hôpital où le
médecin jouit d'une certaine autorité sur les
malades, il peut hypnotiser à des degrés variables
huit ou neuf personnes sur dix (1). » D'après les
études de Liébault il y a environ 27 réfractaires sur
mille. Les autres 970 sont plus ou moins accessibles
à l'hypnose ; 280 s'endorment, et parmi ceux-ci
plus de 160 arrivent jusqu'au somnambulisme. Si
l'on étudie les sujets au point de vue de l'âge le

(1) BERNHEIM. *Hypnotisme et suggestion* : Article magistral,
dans son genre, de la *Gazette de Liège* du 12 février 1890.
Bernheim l'avait enseigné déjà, dans son ouvrage fréquemment cité par nous. Nous l'admettons aussi et nous l'avons
démontré. C. *Franco* ouv. cité pp. 117-123.

plus favorable à la suggestion, les sujets dit Beaunis, jusqu'à 14 ans sont tous hypnotisables.
A partir de 14 ans, il y a une proportion de 18 ou
19 réfractaires sur cent, tant chez les hommes que
chez les femmes; mais un très petit nombre (13 pour
cent peut-être) sont absolument réfractaires au
sommeil (BERNHEIM pp. 28, 29).

2° L'école suggestioniste nie que l'hypnose soit
une maladie, elle n'est pas même une maladie
provoquée et passagère. Pour les suggestionistes,
l'hypnose est un état physiologique d'une nature
particulière, mais non pathologique. Elle reçoit son
caractère propre des phénomènes que l'on peut
obtenir du patient dans cet état. Au surplus les
phases assignées à la maladie hypnotique, par la
majorité des hypnotistes sont une illusion. « Les
trois phases de la Salpétrière, avec leurs caractères
différentiels n'existent absolument pas. » Bernheim
le dit et le répète. *Nous avons changé tout cela,*
dirait un comédien. Bernheim continue en rejetant
comme inutiles et superflues toutes les méthodes
employées communément pour obtenir la catalepsie
et le somnambulisme : la suggestion suffit à tout.

3° La suggestion n'est autre chose que ce moyen
moral universellement connu par lequel une personne raisonnable est invitée à consentir librement
à un acte quelconque, ou à le repousser librement
aussi. L'hypnotiseur obtient ainsi que le sujet

dirige son esprit vers l'acte de dormir. Il est naturel qu'ainsi persuadé le sujet veuille dormir, qu'il s'endorme, et demeure comme isolé du monde extérieur.

4° Le sommeil ou état léthargique que les hypnotistes de l'école commune considèrent comme le phénomène initial et tout au plus fondamental de toutes les autres manifestations, le sommeil n'est pas indispensable. Et par conséquent c'est mal définir l'hypnose que de l'appeler un sommeil provoqué. Les phénomènes peuvent être obtenus, parfois à l'état de veille parfaite. Du reste, quand le sommeil existe, celui-ci n'est pas un phénomène hypnotique, mais le simple sommeil naturel à tout homme qui s'endort. « Le sommeil ordinaire ne diffère pas du sommeil hypnotique : l'un et l'autre est dû à l'immobilisation de l'attention et de la force nerveuse sur l'idée de dormir (BERNHEIM 3e éd. p. 170). » On peut l'en distinguer par son origine ; dans ce sens qu'il n'est pas spontané, mais produit par la suggestion de celui qui l'a endormi, ou par l'effort de la personne pour s'hypnotiser elle-même. De toute manière le sommeil facilite le développement des phénomènes hypnotiques, parce qu'il accroît et exalte la docilité et l'aptitude à accueillir les suggestions. « La catalepsie suggestive est la conséquence de l'arrêt de la pensée (B. 170). » Mais « c'est dans le somnambulisme que la suggestion acquiert son maximum d'efficacité (B. 3ᵉ éd. p. 307). »

5° Il est naturel encore que, pendant le sommeil, les fonctions intellectuelles et morales de l'âme cessent, et que les centres nerveux du cerveau dont l'âme se sert dans ces opérations demeurent suspendus des fonctions qui leur sont propres, et comme paralysés dans leur appréhension du vrai et dans leur appréciation du bien et du mal. Les facultés inférieures, au contraire, avec les centres cérébraux qui leur sont propres où vont aboutir les nerfs sensoriels et les nerfs vasomoteurs d'où la vie végétative, locomotive, sensible, imaginative, etc. se répand dans le corps animé, les facultés demeurent vivaces et continuent à remplir leur rôle. Les autres centres nerveux automatiques qui ont leur siège dans le mesocéphale, dans la moelle allongée, dans la moelle épinière demeurent bien plus isolés encore. Voilà ce qu'on appelle la *dissociation des centres nerveux*. C'est elle qui fait le fond de l'interprétation des phénomènes subséquents.

6° Il semble très naturel, en outre, que la vie organique (ils l'appellent activité psychique) ne se répartissant plus sur tous les centres qui gouvernent l'organisme humain, se répandent avec une énergie beaucoup plus considérable sur les centres qui restent soumis à son influence. De là cette énergie, cette promptitude, cette vivacité des phénomènes

hypnotiques, qui excitent l'admiration des spec‑
tateurs.

7° Mais, ces phénomènes qui les fait naître, qui
détermine leur action, qui les fait cesser? Le voici.
On ne saurait imaginer un travail physiologique et
psychologique plus naturel. Tous les actes de la
vie qui dépendent des centres nerveux n'étant plus
réglés par la raison, attendu que les organes supé‑
rieurs qui sont au service de celle-ci sont assoupis
et paralysés, tous les actes de sa vie, disons‑nous,
tombent sous la direction de l'agent qui fait la sug‑
gestion, agent avec lequel le sujet est naturellement
demeuré en relation, par suite de la suggestion
initiale du sommeil. Le sujet par conséquent l'en‑
tend, et reçoit de lui les impressions suggestives.
« Le dormeur hypnotisé, dit Bernheim, (page 171),
s'endort avec l'idée *immobilisée* en rapport avec
celui qui l'a endormi; de là, la possibilité à cette
volonté étrangère de lui suggérer des rêves, des
idées, des actes. »

Incapable de passer, par sa propre initiative d'une
idée à une autre, il accepte les idées suggérées. Le
propre de l'homme c'est de les croire, le sommeil
augmente même sa *crédivité* (le mot est de
Bernheim); le propre du dormeur c'est de chercher à
les réaliser, bien qu'il ne comprenne pas le pourquoi,
par un simple acte automatique, c'est-à-dire par
un acte déterminé, par les centres nerveux inférieurs

et inconsicents. Ce n'est plus l'idée qui engendre l'acte, mais l'acte (celui bien entendu qui est suggéré par l'hypnotiseur) qui provoque l'idée correspondante à l'acte. « Il est impossible, dit Gratiolet, d'être saisi d'une idée vive, sans que le corps se mette à l'unisson de cette idée. (Bernheim p. 186).» On dit à l'hypnotisé, vous avez chaud : l'idée du chaud suggérée par l'hypnotiseur engendre l'illusion du chaud. On dit : vous êtes gai, l'idée de la gaieté la produit (Despine). Cependant ceci ne se fait pas toujours avec une inadvertance absolue, remarque Bernheim; une certaine partie, ou même toute la conscience persiste : « La seule chose certaine, c'est qu'il existe chez les sujets hypnotisés ou impressionnables à la suggestion, une aptitude particulière à transformer l'idée reçue en acte (Bernh. p. 197). »

C'est de là que proviennent tous les phénomènes. Bernheim applique la théorie que nous venons d'exposer aux phénomènes principaux, et fait voir comment elle explique le sommeil suggéré, et les actes que suggérera par la suite successivement l'hypnotiseur suggestioniste, même l'amnésie ou l'oubli des actes, après la cessation de l'hypnose, même le réveil de l'hypnotisé à l'heure que le médecin lui a fixé; même la résurrection de souvenirs latents et effacés; même l'oubli de choses connues; même l'accomplissement d'ordres reçus

2

pendant le sommeil dans un temps à venir, et éloigné de l'expérience hypnotique, etc, etc. En un
mot tout s'explique par la toute puissance de
la suggestion, et cette toute puissance est naturelle.

IV

LA THÉORIE SUGGESTIVE APPRÉCIÉE PAR
M. BERNHEIM, ET SES CONSÉQUENCES PRATIQUES

Telle est la description du procédé physiologique, psychique ou vital de la suggestion, d'après la nouvelle école. C'est en ces termes que le propose et le développe longuement M. Bernheim qui est son chef accepté et reconnu par elle. Que l'on consulte son ouvrage de la *suggestion*, surtout au Chap. VIII, c'est-à-dire de la page 180 à la page 232 de l'édition de 1891. L'auteur, à la vérité met à profit les études et l'autorité d'un grand nombre de médecins qu'il cite : de Maury, de Liégeois, de Beaunis, de Liébeault, de Chambard, de Brown-Séquard. Il n'en est pas moins avec Liébeault, le fondateur de la théorie complète. « C'est dit-il lui-même, l'école de Nancy qui, plaçant l'étude de l'hypnotisme sur sa véritable base, la suggestion, etc.. C'est monsieur Liébeault qui en est le premier initiateur... Nous (*Bernheim*) l'avons le premier suivi dans cette voie (p. XV). »

À la fin cependant, il paraît sentir le côté faible
de sa théorie, et fait cet aveu : « Ce n'est là qu'une
formule, je le sais : je n'ai pas la prétention d'émet-
tre une théorie. Dans le domaine psychologique, la
cause et l'essence des phénomènes nous échappent.
Telle qu'elle est, cette formule, si je ne me trompe,
sert au moins à concevoir un mécanisme que
l'esprit ne peut interpréter rigoureusement. Un peu
de lumière surgit, il me semble, de cette conception
théorique, tout imparfaite qu'elle est (B. p. 201. »
Ailleurs encore sentant une de ses assertions vacil-
ler, et ne pas le satisfaire complètement lui-même,
il convient que la science ne réussit pas à tout
éclairer, et recommande l'humilité : « Restons
humbles, dit-il (page 218) ». Tout cela prouve qu'au
chef de l'école suggestioniste, ni la probité, ni la
bonne foi ne font défaut. Celles-ci d'ailleurs se
montrent ouvertement dans la déclaration qu'il fait,
de ne pas admettre à titre de phénomènes hypnotiques « ni la suggestion mentale, ni la transmission
de la pensée à distance, ni les hallucinations de
pressentiment (p. xv), » c'est-à-dire les prétendues
prophéties des hypnotisés.

De ses observations personnelles, et des théories
imaginées par lui, il déduit, comme conséquence
légitime que tout dans l'hypnotisme est l'œuvre de
la nature. En attendant, il en fait l'application à la
thérapeutique, comme le faisait déjà, en 1843, l'in-

venteur de l'hypnotisme James Braid, comme le
font et l'ont fait cent autres magnétiseurs, avant et
après. M. Bernheim consacre une grosse moitié de
son volumineux ouvrage à la relation de centaines
de cures opérées par lui, dont un très grand nombre
avec un brillant succès. D'autres étendent par
surcroît la thérapeutique hypnotiste jusqu'au traitement moral de la jeunesse et des femmes surtout.
D'autres encore croient pouvoir s'en servir pour
donner des spectacles au public ou pour égayer des
réunions privées. Ce sont les charlatans, et certains
docteurs qui les imitent.

V

LES PARTISANS DE LA SUGGESTION

Tandis que le champion le mieux armé de la théorie suggestive semble incertain et hésitant à affirmer la certitude de son hypothèse, d'autres, il faut bien en convenir, la considèrent comme une thèse absolument démontrée. Beaucoup de médecins honorés ont recours à l'hypnotisme dans le traitement de leurs clients, soit dans les cliniques des hôpitaux, soit dans leurs visites à domicile. La plupart d'entre eux provoquent l'hypnose et les phénomènes curatifs par la voie précisément de la suggestion ou par d'autres moyens hypnogènes qui la représentent. Il est vrai de dire pourtant que la plupart d'entre eux attribuent l'effet hypnotique à une prédisposition morbide plutôt qu'à la suggestion. En outre, en Italie et ailleurs bon nombre de praticiens ont publié les méthodes spéciales suivies par eux, et les succès qu'il en ont obtenus.

Des philosophes même, et des théologiens (en fort petit nombre, il est vrai) ont accepté la suggestion et approuvent ce genre de traitement. L'abbé Élie Méric conclut, en ces termes, son étrange ouvrage

sur l'hypnotisme que nous avons cité plus haut :
« A partir de cette époque (1843), des expériences
nombreuses, concordantes, décisives ont permis
d'affirmer que la provocation de l'hypnose est
d'origine naturelle. L'hypnose est un phénomène
naturel, pathologique, (*ce que conteste expressément* M. Bernheim) nerveux..... Dissociation de
l'activité cérébrale, excitation de certains centres
nerveux, paralysie de certains autres. Voilà ce qui
constitue l'hypnose, ou le sommeil magnétique ; et
tout cela appartient à l'ordre naturel. » Cependant,
tout en admettant en général, le caractère naturel
des phénomènes communs, il semble disposé à
admettre le charlatanisme pour quelques-uns. Il ne
croit jusqu'à présent « ni à l'action médicamenteuse
à distance préconisée par le docteur Luys, ni aux
phénomènes de transfert. » Il entend par transfert,
le fait de transporter une maladie d'une personne à
une autre. Telle est l'opinion de l'abbé Méric. Elle
prouve l'influence que cet écrivain a subie à Nancy
où il est allé étudier l'hypnotisme, et où il a reçu
comme il le dit lui-même, l'accueil le plus bien-
veillant de la part des médecins de cette école. Il
ajoute en note, la manière de voir toute pareille de
l'abbé Trotin, professeur de théologie morale (1).
Un de nos confrères, le P. Castelein adhère plus

(1) Méric, le merveilleux et la science. Paris, Letouzey,
1888, pag. 430 in-12.

explicitement encore à la théorie de Bernheim,
dans le cours de philosophie fort estimable d'ailleurs
qu'il a publié récemment (2). D'après lui « Les phénomènes hypnotiques considérés dans les procédés
qui les font naître et les effets généraux qui en sont
la conséquence, sont des phénomènes naturels
dont la psychologie traditionnelle aidée de la physiologie moderne, fournit une explication vraisem-
blable (T. II, p. 693). » Or, quelle est cette explication?
Nulle autre que celle de Bernheim *qu'il fait sienne.*
Lui aussi attribue tout à la vertu de la suggestion,
qui demeure « une influence essentiellement de persuasion (p. 673). » Et cependant elle suffit pour
arrêter chez l'hypnotisé, le pouvoir modérateur et
dominateur de la conscience et de la volonté; elle
le sépare du monde extérieur; elle le place sous
l'influence prolongée des sensations et des images
que suggèrera l'hypnotiseur, (p. 665). Selon lui,
« l'état hypnotique est une dissociation des centres
cérébraux, provoquée artificiellement, d'où résulte,
par le fait de la paralysie des uns, et l'exaltation
des autres, une intense concentration vitale sur un
petit nombre de fonctions, rendues ainsi au plus
haut point excitables et suggestibles (p. 694). Il n'y
a donc pas lieu de s'étonner, qu'en descendant à la
pratique, il soit d'avis : « Que de sa nature, l'état

(2) P. A. CASTELEIN, *Cours de philosophie.* Namur, 1889-90.
3 vol. in-8o.

hypnotique n'est pas nuisible. Entre des mains
intelligentes et sûres, il peut devenir un excellent
principe de médecine morale et un agent thérapeutique d'une incontestable utilité (p. 693). »

Nous pourrions, sans grande difficulté, réunir
ici les noms de quelques autres partisans de la
théorie suggestive. Mais ce que nous avons dit suffit
pour montrer que même parmi les savants et les
honnêtes gens, il y en a quelques-uns qui ne lui
marchandent pas leur appui. Cela seul suffirait
pour prouver qu'il est opportun et même urgent de
discuter cette théorie, et de s'en faire une juste
idée. Il nous paraît certain que l'opinion de Bernheim et de ses adhérents est accueillie avec faveur,
parce qu'elle dissipe les soupçons et les craintes
qui, jusqu'à cette heure, empêchaient les savants
d'approuver la thérapeutique hypnotiste. Si elle
était fondée les sages pourraient répondre aux
médecins et aux fidèles en général qui les consultent
sur la licéité de l'hypnotisme : — Faites ce qu'il
vous plaît. — Ce serait si commode pour ceux qui
consultent et pour ceux qui sont consultés !

Mais, la théorie suggestive repose-t-elle en réalité
sur des bases solides ? N'est-elle pas au contraire
une de ces théories semblables aux feux follets qui
brillent quelques instants et s'éteignent, parce que
ce ne sont pas de vraies lumières ? N'est-elle pas
une invention ingénieuse comme le fluide universel,

le fluide biotique ou vital, la dualité du cerveau et
autres semblables qui ont vécu ce que vivent les
roses? Nous allons la soumettre à l'épreuve de la
logique, de la philosophie et de la physiologie moderne.

VI

L'HYPNOSE N'EST PAS UN ÉTAT NATUREL PHYSIOLOGIQUE SPÉCIAL MAIS UN ÉTAT MORBIDE.

Nous venons d'exposer avec clarté, croyons-nous, la nouvelle théorie de la suggestion, d'après les données de l'école qui l'a inventée et qui la défend contre les enseignements les plus communs des docteurs hypnotistes. Nous allons à présent l'examiner partie par partie, en nous attachant aux points principaux et substantiels du suggestionisme. Mais avant tout entendons nous bien sur le but de notre examen. En d'autres circonstances et très fréquemment, nous avons parlé du mesmérisme, du magnétisme, du spiritisme et de l'hypnotisme. Par rapport à ce dernier surtout, nous avons étudié en détail son histoire, son caractère propre, ses effets, ses ravages, sa licéité et son illécéité morale (1). Ici, il n'y a qu'une seule question qui doive nous occuper, et cette question la voici : La théorie inventée par les

(1) Voir FRANCO : Ouvrage cité plus haut.

suggestionistes repose-t-elle sur des bases solides ou bien est-elle bâtie sur le sable mouvant des affirmations arbitraires et illogiques? En d'autres termes : la suggestion résout-elle le problème des causes intimes de l'hypnose, on laisse-t-elle le problème irrésolu? Nous procéderons dans cet examen avec une sérénité d'esprit que les préjugés n'obscurcissent pas. Nous n'hésitons pas à le confesser : nous accepterions avec bonheur une découverte qui nous fournirait une explication naturelle et plausible des phénomènes hypnotiques, et nous enlèverait une fois pour toutes les arguments que nous-mêmes et d'autres avons du opposer à la pratique de l'hypnotisme. Mais l'amour de la vérité est plus fort que le désir de la paix. Entrons en matière.

En premier lieu, l'école suggestioniste affirme à l'encontre de l'opinion la plus en vogue parmi les hypnologues que presque tous les hommes, même sains, sont accessibles à l'influence hypnotique. Nous sommes du même avis. On peut, à la vérité révoquer en doute l'exactitude des statistiques qui ne nous donnent que 27 réfractaires sur 1000 (voir plus haut III); soit. On peut dire que tous ceux qui sont sensibles à l'hypnotisme ne sauraient être amenés jusqu'à la catalepsie, jusqu'au somnambulisme et aux phénomènes qui y sont inhérents, soit encore. Qu'importe enfin que les hypnotiseurs aient

plus beau jeu auprès des sujets neurotiques, auprès
diathèses débilitées! On ne peut cependant pas
nier qu'elles soient fort peu nombreuses les personnes qui ne puissent être hypnotisées à un certain
degré *pourvu qu'elles le veuillent*. L'expérience
l'enseigne. Nous disons : *pourvu qu'elles le veuillent*
parce que M. Bernheim exige le consentement de la
personne à hypnotiser, comme une condition absolument indispensable, et il en donne pour raison que
c'est la foi du sujet qui le fait dormir (1). D'autres
hypnotistes, il est vrai, citent des cas d'hypnose
imposées, sans, et même contre la volonté du sujet.
Du reste, quoiqu'il en soit de ce détail relatif au
consentement, le fait est que même les sujets sains
sont susceptibles d'être hypnotisés. Bernheim de la
loyauté duquel nous ne pouvons douter raconte
qu'il a choisi comme sujets d'expérience des hommes
tout à fait sains; et il déclare n'avoir rencontré
parmi eux d'autres réfractaires que ceux qui, par
point d'honneur, se faisaient eux-mêmes une contresuggestion. Si elle n'est pas vraie l'échappatoire est
bien trouvée : elle n'a qu'un seul défaut, c'est d'être
contraire à la réalité, à savoir celle des sujets qui,
en dépit de la contresuggestion, ont été hypnotisés
malgré eux. Nous en avons cité un exemple écla-
tant et incontestable. Ceci n'empêche pas que l'expérience de Bernheim ne prouve pas l'aptitude pres-

(1) *Bernheim, De la suggestion* etc. 3º Ed. Paris 1891, p. 278.

qu'universelle des hommes à subir l'influence hypnotique comme l'affirment dogmatiquement les suggestionistes, (nous l'avons prouvé) avec plus ou
moins de force avec ou sans leur consentement. Nous
sommes sur ce point d'accord avec les suggestionistes (1) .Mais, ce point a peu d'importance pour la
question présente

Nous nous sentons tout autrement réfractaires
quand les partisans de la théorie suggestioniste
prétendent que l'hypnose est un simple état physiologique *sui generis*, mais nullement morbide. Nous
avons déjà, en d'autres circonstances, cité cette
doctrine non pas à notre tribunal, mais à celui des
juges légitimes et compétents, les médecins. Ceux-
ci d'une voix unanime ont jugé que l'état hypnotique est un état morbide; ils ont proclamé non
seulement qu'il était morbide de sa nature, mais
encore le germe d'accidents morbides. Nous avons
cité les paroles de Braid et de Charcot ces deux
colonnes maîtresses de l'hypnotisme, celles d'autres
docteurs italiens et étrangers, les jugements des
académies médicales et des autorités publiques,
et ces témoignages, nous pourrions aujourd'hui les
multiplier considérablement. Un consentement
universel pareil de l'enseignement médical est,
sans contredit, de sa nature, d'un grand poids.

(1) On trouvera, si on le désire, les preuves dans le livre du
P. Franco : *l'Hypnotisme* etc. pp. 47 ; 117-121.

Du reste, il n'est pas besoin d'avoir étudié à fond la médecine, pour comprendre qu'un état qui renferme la catalepsie et le somnambulisme est un désordre morbide. Souvent viennent s'y ajouter l'anesthésie, et l'hyperesthésie, la paralysie, la surdité, le mutisme, les échymoses sanguines, la perte de la mémoire, l'impuissance à vouloir quoique ce soit, les hallucinations, la folie, et d'autres perturbations semblables de l'organisme. Or, essayez de prouver au monde que tout cela n'est pas un désordre physiologique, un désordre qui, dans toutes les langues prend le nom de maladie !

— Doucement, nous objectent les suggestionistes : comment peut-on qualifier d'état morbide, un épisode fugace de symptômes, qui se produit au gré de l'hypnotiseur, et disparaît à sa volonté ? Nous répondons : ce sera une maladie momentanée, tant qu'on voudra, moins même qu'éphémère, mais ce sera toujours une maladie, parce que la durée d'une affection ne change pas sa nature. Ajoutons encore qu'il sera mystérieux dans son apparition sous l'empire d'un regard, et dans sa disparition sous l'empire d'un souffle ; mais il sera toujours vrai qu'entre le regard générateur de l'hypnose et le souffle qui le fait cesser, il se produit de ces troubles physiologiques que les médecins aussi bien que ceux qui ne le sont pas distinguent des autres, par le qualificatif de morbides. Messieurs les hyp--

notistes, fussent-ils même théologiens par dessus le marché, et convaincus de l'inocuité, de l'utilité même de l'hypnotisme, ne sauraient changer le vocabulaire du genre humain, ni faire croire que ces jolis bibelots constituent un état de santé. Voilà pourquoi nous autres appuyés sur le bon sens universel, et sur la manière de voir commune des médecins, nous considérons l'affirmation de Bernheim et de ses adhérents, non pas comme une doctrine, mais comme une hérésie en médecine. Au rang des hérétiques nous mettons aussi notre docteur Henri Morselli, un des rares italiens qui, à notre connaissance, aient publiquement soutenu cette opinion.

Nous serons bien plus accommodants par rapport au trois degrés hypnotiques établis par Charcot : le sommeil, la catalepsie, le somnambulisme. Ces degrés sont admis non seulement par l'école de la Salpêtrière, mais encore par tous ceux en général, qui ont traité la question, à l'exception de l'académie de Nancy. M. Liébault a reconnu six degrés dans l'hypnose, M. Bernheim en compte neuf (B. ouv. cité pag. 7-21). C'est une question de classification. Les médecins et les infirmiers savent que dans ce fatras de phénomènes incohérents, il serait par trop habile celui qui pourrait en fournir la succession exacte. Les symptômes se produisent et font défaut, ils apparaissent par anticipation et sont postposés, ils se confondent et s'enchevêtrent de façon à déjouer les classifications les mieux étudiées des médecins. L'unique fil conducteur tant bien que mal que l'on puisse suivre est l'ordre fixé par Charcot. C'est la marche que suit la maladie, en général. Du reste peu importe à notre sujet la classification que l'on adoptera, celle de Charcot, celle de Liébault ou celle de Bernheim.

VII

LA SUGGESTION N'EXPLIQUE PAS QUE LE SUJET S'ENDORME

Le problème suivant est d'une toute autre importance : La suggestion peut-elle où ne peut-elle pas
produire, par elle-même, le sommeil qui est le
prodrome ordinaire de l'hypnose ? Procédons avec
ordre. Qu'est-ce que la suggestion dans le nouveau
système ? La suggestion est un moyen moral ; c'est
rappeler à l'homme raisonnable une action donnée,
et l'inviter à se prêter, à condescendre à l'accomplir,
tout en sauvegardant sa liberté de n'en rien faire.
Elle demeure toujours « une influence essentiellement de persuasion, » dit un philosophe suggestioniste, partisan de Bernheim. Celui-ci, en effet,
dans un écrit récent que nous avons cité plus haut
(n° III) la définit en termes équivalents : « La suggestion est l'acte par lequel une idée est introduite
dans le cerveau et acceptée par lui. » Elle n'est
donc ni un fluide, ni un emplâtre, ni une section,
elle n'est pas un agent physique ou physiologique
(il importe de le noter) ; mais une lumière intel-

lectuelle qui, introduite par l'hypnotisme, agit sur la volonté du sujet, par le moyen de l'imagination. C'est en ces termes que la décrit longuement M. Bernheim, au chapitre I de son livre : *De la Suggestion* où il rapporte les procédés pratiques employés par lui dans l'hypnotisation. L'idée introduite ou suggérée est, de sa nature, d'une grande efficacité : « L'idée, affirme le docteur Raphaël Vizioli peut, par conséquent, selon les circonstances, être un agent tantôt pathogénique (*engendrant la maladie*), et tantôt thérapeutique (1). »

Or, quel est le premier effet de la persuasion. ou de l'introduction d'idées dans l'hypnose? Le voici : C'est d'engager le sujet à vouloir dormir, et à s'endormir. C'est la réponse des suggestionistes. Que si le sommeil ne venait pas, peu importe, ajoutent-ils. Les phénomènes hypnotiques peuvent suivre tout de même, et se produire malgré la veille, tantôt avec plus, tantôt avec moins de conscience du sujet hypnotisé. Nous, pour notre part, nous contestons que le premier sommeil de l'hypnotisé puisse être attribué à la seule vertu de la persuasion ou de la suggestion ; alors même que le sujet y consentirait librement ; car tant qu'il n'est pas entré dans l'hypnose, il est éveillé et libre. Nous

(1) Dr R. Vizioli. *La Suggestion thérapeutique.* Extrait du *Journal nevropathologique.* Naples; Tocco, 1886. 8º pp. 11 (Italien).

admettons bien qu'un névropathe, une hystérique, un sujet habitué à servir de jouet dans les expériences hypnotiques, puisse plus ou moins obéir à la parole impérieuse d'un médecin. Mais, que généralement le fait de s'endormir devienne un phénomène certain subit, très ordinaire, nous nous refusons absolument à l'admettre. L'expérience contraire de tout le genre humain compte donc pour rien? Qui ne sait qu'il ne suffit pas d'être invité à dormir et de vouloir dormir pour avoir subitement le bénéfice de dormir? Chacun peut en faire la preuve sur soi-même et sur d'autres. Cent personnes peuvent vous prier de dormir; et si vous ne le voulez pas, vous ne dormez pas. Alors même que vous consentiriez à la suggestion, votre consentement ne suffit pas : il faut, outre votre consentement, le besoin, l'heure, la fatigue, la situation propice, l'état favorable des nerfs, etc. Que de gens qui souffrent d'insomnie, en dépit de leur volonté arrêtée de dormir? Que de gens qui seraient hors d'état de fermer les yeux, alors même que toute leur famille à genoux au pied de leur lit, leur suggérerait de reposer un instant! Pourquoi?

Parce que quelques-unes des causes qui amènent le sommeil font défaut. Et l'hypnotiseur prétend plonger dans le sommeil toute une salle d'hôpital, en parcourant à la hâte tous les lits, et il y réussit. A son retour, il éveillera les malades, en leur

soufflant simplement au visage? Il endormira toute
une chambrée d'enfants tapageurs, l'un après l'autre,
en un clin d'œil; car, jusqu'à quatorze ans personne
n'est réfractaire?

Le professeur Rattone à Sassari (nous en avons
parlé ailleurs) endormait ouvertement toute une
école d'étudiants en médecine. Hanssen, Donato et
d'autres hypnotiseurs de tréteaux, endormaient un
choix de jeunes gens vifs d'allures, d'hommes murs,
d'officiers, dans une seule séance théâtrale. Et l'on
voudrait que tout ce monde là se soit mis à dormir,
parce qu'on l'y a engagé? Ce sont là des choses qui
s'affirment pour les besoins d'une théorie, mais qui
vont à l'encontre de toute expérience et qui heurtent
de front le bon sens.

Pourquoi, (nous le demandons) si à l'homme
éveillé et maître de lui-même vous suggérez de
bailler, ne baille-t-il pas? Et ceci est vrai, alors
même qu'avec toute la force de sa volonté il consentirait à bailler ou à éternuer. Seulement, quand
vous lui suggérez de dormir et qu'il y consent,
aussitôt dit, aussitôt fait, les paupières s'abaissent
et se ferment, les nerfs se calment et il dort, il dort
d'un sommeil léthargique, ce qui ne s'était jamais
vérifié comme phénomène usuel, depuis Adam jusqu'à nous. Il faudrait dire que la suggestion a acquis
aujourd'hui une puissance nouvelle, supérieure à
l'ancienne, contraire à l'expérience, et même à son

caractère de persuasion morale. Les premiers mes-
méristes et magnétistes attribuaient le sommeil à
l'influence d'un fluide émanant de l'opérateur, et
passant dans le sujet. Ils étaient moins illogiques,
bien que leur fluide fût une chimère bafouée aujour-
d'hui. Les modernes hypnotistes, au contraire, n'ont
aucun élément nouveau qui soit venu s'ajouter à la
suggestion et lui confère ce pouvoir qu'elle n'a jamais
fait preuve par le passé de posséder naturellement.
Ces considérations, pourtant si plausibles, n'empê-
chent pas le docteur Bernheim et d'autres hypnotistes
de se moquer des antihypnotistes qui ne voyant pas
les docteurs nouveaux assigner une cause quelconque
à cette nouvelle efficacité de la persuasion, soup-
çonnent l'intervention possible de quelqu'élément
en dehors de la nature, surtout dans certains phénomènes qui vont à l'encontre des lois positives, et
connues de la physique. Ces derniers, au surplus sont
d'avis, que l'hypnotisé et l'hypnotiseur font réellement appel à une cause præternaturelle, par là même
qu'ils prétendent obtenir un effet dont ils ne posent pas
la cause naturelle et suffisante, encore que par
hasard, ils protesteraient ne pas vouloir son intervention. Mais n'entrons pas dans des discussions qui
ne sont pas nécessaires à notre but. Qu'il nous suffise
d'avoir démontré que le sommeil qui amène et fait
partie de l'hypnose ne saurait être attribué, comme
à sa cause adéquate et suffisante, à la suggestion.

Et que les suggestionnistes ne viennent pas invoquer la prétendue influence de la volonté humaine qui consent librement à l'idée du sommeil. D'abord cette libre volition est la plupart du temps, de sa nature, incapable de produire un pareil effet comme nous l'avons dit. En second lieu l'hypnose peut se produire, sans aucun consentement de la volonté. Bernheim et les suggestionnistes le contestent absolument, pour ne pas faire crouler leur théorie. Mais, il n'en est pas moins certain que des cas pareils se présentent. Lombroso parle d'un officier qui, invité par Donato à la séance hypnotique, refuse l'invitation. L'heure fixée étant venue, il se démène, et veut y aller ; il insulte ses camarades et ses chefs qui le lui déconseillent, et il n'est retenu que par la force. En dépit de la violence subie, il tombe dans le sommeil hypnotique, comme s'il eut été présent à la séance, et hypnotisé (1). Dans ce cas, où est le consentement de l'officier qui se rit même de l'invitation? Où est la suggestion ou l'idée acceptée ? Il y a même la contresuggestion (comme dirait Bernheim) de l'officier qui refuse l'invitation, et cette contresuggestion est même renforcée plus tard par celle des amis qui le détournent de se rendre à l'invitation. Et malgré cela l'hypnose se vérifie. Il y a plus : Le Dr Paul Richer rappelle des cas de

(1) Dr César Lombroso, *Etudes sur l'hypnotisme.* Turin 1886. 8o p. 20 (italien.)

sujets hypnotisés pendant le sommeil naturel, et transférés ainsi à l'hypnose. Or, pendant le sommeil on n'est capable ni de consentement ni de dissentiment, on ne l'est pas non plus de suggestion : et ce serait dépasser la permission en fait de ridicule, que de venir nous dire comme quoi les personnes endormies ont été hypnotisées par voie de suggestion, c'est-à-dire de persuasion. Nous avons des exemples de personnes hypnotisées, malgré elles. Le docteur Robouam en rapporte, et les docteurs Husson, Lafontaine, Bertrand, ces deux derniers célèbres magnétiseurs en conviennent. Nous pourrions ici accumuler d'autres faits, et les raconter en détail ; mais nous ne pouvons pas écrire une histoire. Le fait affirmé par Lombroso, et celui que nous avons nous-même narré ailleurs, de ce médecin militaire hypnotisé par les gestes hypnogéniques d'un jeune homme qu'il avait provoqué, avec le ferme propos de ne pas se laisser vaincre. Il se vit obligé de se démener comme un fantoche tout en conservant la liberté de son esprit et de sa parole (1), ces faits là sont suffisants.

En attendant, nous avons les preuves en mains de ce fait : que l'hypnose se produit même sans la suggestion et parfois aussi, en dépit de la volonté la plus énergiquement arrêtée contre la suggestion.

(1) Franco Ouy, cité p. 47.

Le sommeil hypnotique n'est donc pas causé par le consentement donné à la suggestion.

Nous avons prouvé plus haut qu'elle est par elle-même insuffisante à produire cet effet. Nous sommes donc en droit de conclure à propos de ce point particulier, par une proposition diamétralement opposée à celle des suggestionistes : *La suggestion n'est pas la cause unique, la cause propre du sommeil hypnotique; que si le sommeil suit la suggestion, il ne doit pas lui être attribué, parce qu'elle est intrinsèquement inapte à le produire.*

VIII

LES PHÉNOMÈNES CONSÉCUTIFS AU SOMMEIL HYPNOTIQUE NE SAURAIENT ABSOLUMENT PAS SE PRODUIRE PAR LA VOIE DE LA SEULE SUGGESTION

Que si l'hypnose initiale, ou le sommeil ordinaire précurseur de l'état hypnotique, et se prolongeant ensuite durant l'hypnose n'est pas un effet qui puisse être attribué à la suggestion morale, les phénomènes subséquents beaucoup plus graves, tels que la catalepsie qui anéantit, ou peu s'en faut, la vie des sens, le somnambulisme forcé, les aberrations des sensations, les hallucinations et ainsi de suite, pourront beaucoup moins encore être mis au compte de la suggestion. Tous ces phénomènes sont, de l'avis commun des médecins hypnotistes, de véritables désordres pathologiques, comme nous l'avons démontré plus haut. Mais, en admettant même qu'ils ne soient que de simples symptômes d'un état physiologique spécial, comme le veulent les suggestionistes, il faudra toujours leur assigner une cause, comme à tout autre effet. Ils n'auront

trouvant paralysés, abandonnent, pour ainsi dire,
pas une génèse pathologique non, mais ils auront
une génèse oui, et celle-ci sera forte, prononcée,
proportionnée à des phénomènes puissants, tels
que sont ceux que nous venons d'énumérer en
partie.

Or, nous sommes incapables de comprendre
comment le sommeil rend l'hypnotisé susceptible
des phénomènes de catalepsie, de somnambulisme
et de tant d'autres qui suivent, par le seul fait que la
suggestion le sollicite à les produire. Les docteurs
suggestionistes, pour nous démontrer l'aptitude
naturelle du sujet endormi à tous ces phénomènes,
commencent par nous faire remarquer que le
sommeil sépare l'homme de toute relation avec le
monde, et paralyse en lui la vertu du raisonnement
et la conscience. La conséquence naturelle de cette
séparation et de cette paralysie, c'est la catalepsie
suggestive ou l'amortissement des organes sen-
sifères. En continuant la suggestion, l'état somnambulique apparaît. Les centres nerveux qui sont
au service de la vie intellectuelle se séparent
des centres servant à la vie organique; ceux-ci
sont surexaltés d'une énergie psychique (vitale)
exubérante, ceux-là sont comme atrophiés et
paralytiques. L'hypnotiseur, toujours par la voie
de la suggestion, s'empare des centres organiques
et les dirige dans tous leurs mouvements vitaux,

opérant même par leur moyen, sur les organes servant à l'intelligence.

C'est ainsi que l'homme tout entier, dans ses opérations inférieures et supérieures demeure à la discrétion (devient la *proie brute* dirait Lombroso) de l'hypnotiseur qui naturellement le fera mouvoir comme un fantoche, dans le but (bien entendu) de le guérir. Tel est, en abrégé, le système pour ainsi dire mécanique des phénomènes consécutifs au sommeil hypnotique. Si le respect que nous professons pour les médecins et les philosophes de cette école ne nous retenait pas, nous dirions tout d'un trait, que ce système nous apparaît comme une charpente d'affirmations et de fantaisies, sans ombre de preuves physiologiques.

En effet, en le disséquant en détail, nous constatons :

Qu'il est vrai, en effet, que pendant le sommeil on ne raisonne pas d'une façon parfaite, ni complètement libre ; mais il n'est pas vrai de dire que chez les organes ou centres cérébraux qui sont au service de la pensée, tout acte soit suspendu absolument comme si une paralysie était survenue. L'assertion de l'école suggestioniste a contre elle le fait très connu que pendant le sommeil, et plus encore en rêve, on raisonne parfois imparfaitement oui, mais enfin on raisonne. La volonté, de son côté, bien qu'elle soit liée et mal maîtresse d'elle-

même, n'en accepte pas moins ou n'accepte pas
certaines images proposées par l'imagination durant
le sommeil. Que de discours tenus en songe et pas
du tout déraisonnables, que de leçons récitées, de
poésies composées, de calculs algébriquement
exacts ! Donc, la raison bien qu'elle ne jouisse pas
de sa pleine lucidité, donc la volonté, ne sont pas
entièrement paralysées, puisqu'elles produisent des
actes importants. Donc la paralysie de l'intelligence
n'est pas un effet propre du sommeil. Le seul effet
propre de celui-ci c'est l'obscurcissement plus ou
moins intense de la raison, et la suspension de ses
actes parfaits, comme le raisonnement logique et la
pleine liberté. Impossible de nous contredire, sans
nier l'expérience quotidienne et universelle. Les
suggestionistes eux-mêmes doivent être, sur ce
point, d'accord avec nous, puisqu'ils admettent,
comme une thèse certaine, que le sommeil hypnotique est identique au sommeil naturel.

De plus : la théorie de la paralysie se dément et se
contredit elle-même intrinséquement. Elle pose, en
effet, à l'origine la paralysie de la région cérébrale
où sont situés les organes qui servent à l'intelligence;
un peu plus loin elle la suppose vivace et active
pour qu'elle obéisse à la suggestion qui lui arrive
par contrecoup des organes sensitifs. Voici en quels
termes Bernheim expose ce phénomène contradic-
toire prodigieux : « Si je dis à l'hypnotisé : *Votre*

main reste fermée, le cerveau réalise l'idée aussitôt
que formulée. Du centre cortical où cette idée
introduite par le nerf auditif est perçue, un reflux
se produit immédiatement vers le centre moteur
correspondant aux origines centrales (*qui sont aussi
dans le cerveau*) des nerfs fléchisseurs de la main ;
la flexion en contracture est réalisée. *Il y a donc
exaltation de l'excitabilité réflexe idéo-motrice qui fait
la transformation inconsciente, à l'insu de la volonté
de l'idée en mouvement* (BERNHEIM, ouv. cité; édit.
1891, page 198. La dernière phrase est soulignée
par Bernheim lui-même).

Mais comment, (nous le demandons) s'opère ce
trouble dans le cerveau, sans que la volonté s'en
aperçoive? Tout le monde sait que l'acte organique
accompli à la périférie du corps par l'organe animé
(tact, goût, vision etc.) est transmis au sensorium
commun, lequel est aussi une faculté organique qui
a son siège dans le cerveau. C'est là que la faculté
spirituelle où l'intelligence le lit, par un acte qui
lui est propre et spirituel. C'est dans ce sens que
nous appelons organes et centres intellectuels, ceux
qui sont au service immédiat de l'intelligence. Or,
comment est-il possible que les centres corticaux du
cerveau soient en éveil pour sentir l'impulsion des
nerfs centripètes annonçant la parole entendue par
l'organe auditif; comment est-il possible qu'ils soient
en éveil pour accompagner la formation de l'idée

correspondante à la parole ; comment est-il possible
qu'ils soient en éveil pour commander aux nerfs
centrifuges par un réflexe instantané le mouvement
qui suivra l'idée ; qu'ils soient en éveil en somme
pour réaliser l'idée suggérée, et qu'en même temps
ils soient paralysés pour résister, paralysés pour ne
pas concourir à faire comprendre l'idée, paralysés
pour ne pas concourir au jugement à porter sur la
moralité de l'acte qu'ils commandent, trois fonctions
des plus naturelles, des plus faciles que l'esprit
accomplit continuellement? Pourquoi cette inconscience de l'esprit qui pourtant forme l'idée et en
impose l'exécution?

Et puis, pourquoi faut-il qu'il y ait surexcitabilité
aux centres sensitifs et torpeur paralytique aux
centres intellectuels? Le sommeil naturel (et le
sommeil hypnotique est très naturel au dire des
suggestionistes), ne produit rien de semblable. Dans
le sommeil, les facultés supérieures et inférieures
demeurent toutes également déprimées, à l'exception du système nerveux automatique qui continue
ses fonctions de la vie végétative, tandis que les
nerfs volontaires n'ont plus que peu de chose ou
rien à faire, la volonté se trouvant déprimée par le
sommeil.

La surexcitabilité peut provenir beaucoup moins
encore de la suggestion. Celle-ci, de sa nature, est
une persuasion d'un caractère essentiellement moral,

et non pas physique. Et par suite, même dans l'hypothèse qu'elle introduirait l'idée par le conduit auriculaire, il n'y a pas de raison pour qu'elle surexcite une faculté plus qu'une autre. A nos yeux cette dépression de certaines facultés accompagnée de la surexcitation de certaines autres, est une affirmation gratuite. Heidenhain qui dit l'avoir observée a, selon nous, pris le change; que si par hasard, il a vu vrai, il n'a pas donné la raison scientifique du phénomène, et le déséquilibrement des facultés causé par un mot, n'en demeurerait pas moins un phénomène mystérieux et inexplicable pour les raisons que nous avons dites. Mais, selon nous, c'est un simple instrument fabriqué pour les besoins de la théorie. Nous en reparlerons par après.

Et puis, ce qui est à remarquer, c'est que le travail que l'on fait accomplir à l'hypnotisé, n'est pas uniquement le travail fort simple d'une contraction et d'autres phénomènes fort élémentaires sembla-bles. Non! l'hypnotisé en peu d'instants peut exé-cuter des suggestions de mouvements des plus étranges, de froid et de chaud qui n'existent pas, d'hallucinations qui lui sont imposées et soustraites comme les images d'une lanterne magique, et cent autres. Comment toute cette fantasmagorie se produit-elle avec la participation nécessaire des centres cérébraux tout aussi bien sensitifs qu'in-

tellectuels, et cela « sans que la volonté en sache
rien? » Il y a là, nous paraît-il un miracle nouveau
que le cerveau soit mis sens dessus dessous, et
qu'en attendant les organes qui sont au service de
la volonté, ne fassent qu'exécuter ses ordres sur les
nerfs volontaires, mais non pas dans le but ordinaire que l'intelligence et la volonté y participent
à leur manière accoutumée.

En outre : dans certains phénomènes, l'inconscience de la volonté et la prétendue causalité de la
suggestion prise dans toute son étendue, en elle-
même deviennent un mystère d'une rare profondeur.
Par exemple dans les phénomènes à échéance.
Voici un médecin, le Dr Federici à Florence qui
ordonne à un malade hypnotisé de s'éveiller à une
heure indiquée : on veut éveiller le malade, et celui-
ci fait observer (en parlant pendant son sommeil),
qu'il y a encore quelques minutes avant le moment
prescrit. On consulte les horloges : le dormeur avait
raison. Le Dr Bottey dit à une servante hypnotisée
de le battre, quand il viendra déjeuner dans cette
maison. Il oublie l'ordre donné, mais la servante
non, et après quinze jours, elle salue d'une grêle de
coups de poings le médecin oublieux. Celui-ci, pour
la faire cesser fut obligé de l'hypnotiser de nouveau
et de lever l'injonction donnée. Le Dr Seppilli ordonne, pendant l'hypnose, à un de ses clients de
s'endormir à huit heures du soir, et de dormir jus-

qu'à 5 heures du lendemain matin, et de présenter
un quart d'heure après son réveil un bras, marqué
en un endroit fixé d'un V sanguinolent. Or tout cela
se passe exactement ainsi. Nous avons cité ailleurs
ces faits (1), et nous pourrions en citer des centaines
vu que les mémoires des hypnologues en sont pleins.

Mais, ce qui est malaisé, c'est d'expliquer des faits
pareils au moyen de la suggestion.

Comment, nous le demandons aux docteurs suggestionistes, comment la parole introduite par le
canal auriculaire chatouille-t-elle les centres nerveux des facultés sensitives, de façon à ce que ces
centres ne se mettent en mouvement qu'après autant
d'heures, pas une minute de plus, pas une minute
de moins? Comment, l'hypnotisé qui dort, en vertu
de la parole ou de l'idée suggérée, compte-t-il les
heures et les minutes? La nature ne saurait agir de
cette façon. Comment la suggestion du Dr Botley
dort-elle pendant quinze jours inerte, et puis, par
une résurrection à l'improviste, chatouille-t-elle les
nerfs d'une façon irrésistible à la vue de l'hypnotiseur? Comment l'hypnotisé de Sepilli commence-t-il
à sentir la vertu de l'idée qui lui a été introduite
dans le cerveau, après plusieurs heures; comment
cette idée devient-elle alors dominante et en-
chaîne-t-elle le sujet dans le sommeil pendant

(1) FRANCO. Ouv. cité p. 114. 58. 138.

les 9 heures qui s'écoulent entre 8 et 5 heures? Qu
nous expliquera comment cette idée, un quart
d'heure après son réveil lui produit cette échymose
sanglante, juste en cet endroit du bras indiqué précisément en forme de la lettre V? Ni l'agent moral
et persuasif, ni l'agent physique et physiologique
n'agissent instantanément à point fixé. Et puis, pourquoi l'idée suggérée n'agit-elle pas aussitôt qu'elle
est introduite? Quelle est la faculté qui la conserve
assoupie de la sorte? Quelle est la faculté qui mesure
ainsi comme une horloge les heures et les minutes
qu'elle doit demeurer inerte, et qui, à l'expiration
du temps fixé, la détermine à entrer en action au
moment donné? Tout cela est possible (quoique
difficile) mais uniquement à une faculté intelligente.
Or, les centres corticaux intellectuels sont paralysés,
au dire des suggestionistes, à partir du premier
moment du sommeil hypnotique. Il faudrait donc
affirmer que l'influence de l'idée introduite, tandis
qu'elle paralyse la raison, lie également les facultés
sensitives, la faculté imaginative par exemple, pour
un temps donné, et que juste au bon moment elle
la déchaîne. Mais ce serait là un paradoxe en soi,
parce que l'imagination est de sa nature une faculté
sans frein; un paradoxe en contradiction avec la
théorie mise en avant par les suggestionistes, d'après
laquelle la suggestion surexalte l'imagination, loin
de la tenir déprimée pendant des heures et des

semaines. On ne voit donc aucun moyen d'expliquer par la voie de la suggestion, les soi-disants phénomènes à échéance.

Nous pourrions multiplier les observations de ce genre, en passant en revue d'autres phénomènes hypnotiques décrits communément par les hypnologues. Mais nous avons à ménager la patience de nos lecteurs. Demandons plutôt au bon sens quel est l'effet de la suggestion sur un sujet endormi. Nous voulons bien pousser la condescendance jusqu'aux dernières limites. Il peut se faire qu'à l'homme endormi il arrive quelque chose de pareil à ce qui arrive à quelqu'un qui est naturellement somnambule. Il pourra donc poser une action qui lui sera suggérée soit en paroles, soit en actes par une personne éveillée. Mais l'action du dormeur suivra rarement d'une façon satisfaisante, et si elle a lieu, elle sera d'ordinaire gênée, hésitante, imparfaite. Demandez à mille personnes ce qui arrivera, si quelqu'un vient à parler à une personne endormie et à lui suggérer une action à accomplir? Et les mille personnes vous répondront : « Ce qui arrivera? C'est que le dormeur s'éveillera, et rien de plus. » En effet c'est ce qui est toujours arrivé, depuis les temps préhistoriques jusqu'à nos jours. Que si à présent il arrive que la suggestion n'éveille pas celui qui dort, c'est que, il faut bien le reconnaître, c'est que ce dormeur n'est pas un dormeur comme les autres ; c'est qu'il est sous l'influence d'une cause différente de celle qui produit et conserve le sommeil ordinaire, d'une cause résistant aux actes qui naturellement font sortir du sommeil. Cette cause apparaît d'autant plus nouvelle sous ce rapport : que la suggestion produit la catalepsie, et le somnambulisme forcé. Car, au lieu d'éveiller, elle appesantit le sommeil, en faisant que la dépression naturelle des facultés aille jusqu'à la dissolution complète de celles-ci qui constitue la catalepsie, et qu'ensuite elle se transforme en un état pathologique différent, comme l'est le somnambulisme.

Et qu'on ne nous dise pas que la suggestion ne saurait éveiller le sujet endormi, par la raison que celui-ci est en léthargie. — D'abord, et avant tout, l'hypnose avec toute la séquelle de ses phénomènes peut avoir lieu non seulement dans l'état de léthargie, mais encore, sans sommeil, dans l'état de veille. Nous en avons ailleurs apporté des exemples et M. Bernheim en convient expressément. En second lieu, si l'hypnotisé était en léthargie, nous admettons que la suggestion ne l'éveillerait pas.

Mais, dans ce cas, la suggestion deviendrait inutile, puisqu'elle ne serait plus acceptée. Introduire des idées par le canal auditif, dans un cerveau déprimé par un sommeil très profond est chose impossible. En d'autres termes : persuader quelqu'un qui dort à poings fermés c'est se donner un

ridicule inimaginable. Pour faire avaler au public
de semblables paradoxes, il faut les envelopper
dans des explications hallucinantes, se servir de
mots scientifiques, mais vides de sens, dans le but
de prouver aux simples que des vessies sont des
lanternes, quand on vient lui dire que le sommeil
hypnotique est identique au sommeil naturel.

Une autre difficulté encore milite contre l'efficacité de la suggestion. C'est que si celle-ci possé-
dait une aptitude naturelle à produire d'abord la
catalepsie, puis le somnambulisme et les autres
phénomènes, il se ferait que : le sujet une fois
endormi, tout homme quelconque pourrait pour-
suivre l'opération, et suggérer successivement les
actes et les symptômes que l'on veut voir produits
par l'hypnotisé. Or, c'est précisément le contraire
qui arrive. Tout un théâtre peut être bondé de
spectateurs, tous et chacun d'entre eux peuvent
suggérer une chose au sujet de l'expérience. Il ne
répond à personne, il ne comprend rien. Que le
lecteur se rappelle l'officier à qui ses camarades
et ses supérieurs suggéraient avec insistance de
demeurer au quartier, sans pouvoir l'empêcher de
suivre la suggestion de Donato. Et du reste, c'est
chose connue que l'hypnotiseur seul a sous sa
main l'hypnotisé. Cent suggestions profanes n'aboutissent à rien ; un mot de l'hypnotiseur peut tout :
il fait mouvoir le sujet, il l'agite, l'apaise, lui met

du vif argent dans les veines, le force à commettre
les extravagances les plus incroyables. Or, pourquoi une même suggestion dans la bouche de
Charles opère-t-elle, et dans la bouche de Pierre
est-elle impuissante? Et pourtant la parole qui sort
des lèvres de Pierre a un pouvoir égal d'entrer par
le tube auriculaire, et elle y entre sans le moindre
doute. Pourquoi ne chatouille-t-elle pas les centres
nerveux, tandis que l'autre le fait? Nous croyons,
pour notre part, et tout le monde sera de notre
avis, que quiconque presse le bouton d'une son-
nerie, fera marcher les sonnettes, que celui qui
presse, soit un homme, un enfant ou un singe. Chez
l'hypnotisé, c'est le contraire qui arrive : l'effet physique et physiologique dépend de la cause morale.
Et l'on en revient à cette plaisante raison donnée
par le médecin de la comédie à un de ses clients : que
la médecine prise n'avait pas opéré, parce qu'elle
n'avait pas été ordonnée par un médecin.

Les suggestionistes reprennent de seconde main
cette bouffonnerie, et l'habillent de neuf. Ils nous
expliquent comme quoi l'hypnotisé est en relation
avec l'hypnotiseur, bien que ses facultés mentales
soient paralysées. Et pour comble, ils s'efforcent de
faire provenir l'efficacité de la suggestion de la
séparation des centres nerveux, qui a lieu, à ce
qu'ils prétendent. Mais ce sont là deux paradoxes
nouveaux servant à expliquer les paradoxes précé-

dents, deux paradoxes, qui, alors même qu'ils
seraient acceptés comme de l'or en barres, ne
résoudraient pas la question. Nous les discuterons
tout à l'heure, mais en attendant, qu'il nous soit
permis de conclure les considérations que nous
avons présentées jusqu'ici. L'état de l'hypnotisé est
une maladie passagère produite par l'hypnotiseur
et non pas un simple état physiologique naturel, et,
sans danger commme l'enseignent les suggestionistes. La suggestion qui, d'après eux, produit
naturellement le sommeil n'est pas une cause proportionnée. Que si le sommeil, ce premier phénomène de l'hypnose se produit en effet, il ne saurait
être ni logiquement, ni physiologiquement attribué
à la seule suggestion. Le sommeil obtenu de quelque façon que ce soit, la suggestion est incapable
de surexciter certain centres nerveux, et d'en
déprimer certains autres. Tout le travail mécanique
qu'on lui attribue n'est pas prouvé ; il est contraire
aux lois physiologiques connues et certaines ; il est
en contradiction avec l'hypothèse même des suggestionistes, et surtout il est impuisssant à expliquer les
phénomènes qui accompagnent l'hypnose.

Donc, quelle que soit la cause véritable et adéquate
des phénomènes qui accompagnent l'état hypnotique,
nous sommes en droit d'affirmer: que la nouvelle théorie de la suggestion ne les explique pas, ne démon-
tre pas que la suggestion les produise naturellement.

IX

EN QUOI CONSISTE LA DISSOCIATION DES CENTRES NERVEUX ?

ET COMMENT LA THÉORIE SUGGESTIVE

SE BASE-T-ELLE SUR CETTE HYPOTHÈSE ?

Pour démontrer, ou tout au moins pour expliquer comment les fonctions intellectuelles et morales cessent chez l'hypnotisé, et comment les fonctions de la vie organique demeurent seules actives ; phénomène qui se vérifie, en réalité, chez les hypnotisés et que l'on peut voir de ses yeux, les champions de la théorie suggestive enseignent que c'est la suggestion qui en est cause. Celle-ci, d'après eux, a la vertu de dissocier les centres nerveux qui servent aux premières et aux secondes de ces fonctions. Dissocions les sources et il faudra que les courants, c'est-à-dire les fonctions se dissocient. En outre, la suggestion paralyse les centres supérieurs et excite les inférieurs. Il s'ensuit que les centres supérieurs dont la fonction, nous dit-on, est de modérer et de gouverner les centres inférieurs, se

4.

ceux-ci à eux-mêmes, ce qui fait qu'ils se plient plus aisément à la suggestion extérieure. Il en est surtout ainsi des centres réflexes qui, de leur nature, sont beaucoup plus indépendants des centres suprêmes de l'écorce cérébrale. L'hypnotiseur, il est vrai, peut également dominer certaines fonctions intellectuelles de l'hypnotisé, mais il ne peut le faire qu'en opérant sur les organes vitaux qui exercent ensuite leur influence sur les organes intellectuels. Pour ce qui est de la suggestion elle-même, elle dissocie les centres, paralyse les centres intellectuels, et imprime une énergie nouvelle aux organiques. Le mode d'action que nous avons exposé au § III, en l'empruntant fidèlement aux termes même de Bernheim en particulier, est ce que répètent ses adhérents.

Les braves gens qui entendent les maîtres de la science médicale discourir sur les centres nerveux, cérébraux, réflexes, modérateurs, etc., qui entendent dire que ces centres se désunissent, se paralysent ou s'exaltent en vertu de la suggestion, les braves gens finissent naturellement par soupçonner quelque découverte nouvelle et secrète. Qui sait? La science aura peut-être trouvé la clef des phénomènes hypnotiques que nous ne comprenons pas! — Qui sait quel effet produit la dissociation des centres à laquelle personne ne pensait!... Tout peut-être. Le mieux, en pratique, sera de sus-

pendre son jugement, et de s'en remettre à la
décision de ceux qui sont du métier. Ainsi raisonnent ou déraisonnent beaucoup d'esprits et non
seulement du vulgaire. Car les personnes cultivées
elles-mêmes ne sont pas, en définitive tenues de
connaître toutes les sciences, et comme sur beaucoup d'autres points, en anatomie et en physiologie,
elles s'en rapportent discrètement aux professeurs
de ces branches.

Or, toute cette théorie de la dissociation des
centres est à nos yeux un mirage qui disparaît,
quand on y fait pénétrer un rayon de lumière. Il
suffit de comprendre les termes. Expliquons-les
donc brièvement et clairement pour ceux qui en
auraient besoin. Les physiologues modernes,
éclairés par des études anatomiques soigneusement
faites, enseignent l'existence de certaines aréoles
d'une forme et d'une constitution mal définies où
vont aboutir certains petits cordons de nerfs. Des
fils où de petits nerfs centrifuges et centripètes
font partie de ces cordons. Les centrifuges sont
ceux qui portent leur influence à la périphérie ce
qui veut dire aux cellules musculaires soit de la
peau, soit de tout autre point intérieur, par exemple
aux nerfs fléchisseurs des bras et des jambes. Les
fils centripètes au contraire ont une fonction opposée;
ils rapportent au centre nerveux les impressions,
les mutations, les excitations qu'ils subissent à leurs

extrémités externes. En langage philosophique,
nous dirons qu'ils rapportent les actes accomplis
par les sens à l'aide des organes qui leur sont
propres : car l'organe de la vue est celui qui voit,
l'organe de l'ouïe est celui qui entend, en tant qu'il
est animé et vivant. Ce travail de fluide nerveux,
ou si on le préfère de mouvement ascendant et descendant s'accomplit avec une merveilleuse harmonie
en vue de fonctions déterminées d'après le vœu de
la nature. Il est inutile que nous nous étendions à
décrire la configuration et la constitution des
centres nerveux. Le microscope y fait découvrir des
réunions de cellules différentes, mais rien qui
révèle la nature intrinsèque ou l'activité attribuée
par les physiologues aux centres nerveux ; rien qui
circonscrive le centre, rien qui fasse dire il est
ici.

On assigne différents sièges aux centres nerveux,
et, selon la place qu'ils occupent on leur attribue
une importance différente. Si l'on s'en tient aux
études anatomiques les plus récentes, la place la
plus élevée est occupée par les centres situés dans
l'écorce grise qui enveloppe la masse cérébrale,
en contact avec l'os du crâne contre lequel elle est
défendue par différents involucres. On attribue à
ces centres les fonctions les plus relevées, celles
notamment de servir à l'intelligence, à la volonté,
à la conscience, en recueillant dans le sensorium

commun les sensations qui proviennent de la périphérie, en servant à l'imagination, faculté organique qui nous est commune avec les animaux, et
l'on sait que c'est dans l'imagination que l'intelligence lit les images que celle-ci lui apporte, par un
acte qui lui est propre et qui est spirituel. D'autres
centres, dit-on, occupent une place intérieure,
parmi les circonvolutions du cerveau. Ces centres
sont mis en rapport avec les centres supérieurs
dont nous venons de parler tantôt, par une foule
de petits nerfs sans que l'on sache au juste dans
quel but la nature a agi de la sorte. Les uns sont
d'avis qu'ils ont des fonctions analogues aux centres
suprêmes; d'autres les appellent *modérateurs*, en
supposant qu'ils règlent et servent à coordonner
l'action des centres suprêmes et des centres inférieurs que nous décrirons tout à l'heure. Dites en
autant d'autres centres disséminés en d'autres
parties du cerveau et du cervelet, ainsi que le long
de la moelle épinière, dans le thorax et l'abdomen.
Plusieurs de ceux-ci servent à la vie végétative et
tous à la circulation du fluide nerveux. Dans l'état
de santé, l'énergie vitale (qu'on appelle à présent
psychique) circule répartie d'une façon égale parmi
les centres supérieurs, moyens, et inférieurs. Mais,
si une cause perturbatrice vient à empêcher un
centre de participer à la vitalité, cette portion de
vitalité ou de fluide nerveux reflue sur les autres

centres qui gagneraient ainsi en force et en activité.
Voilà ce que l'on croit, mais on n'est pas d'accord
sur la cause du phénomène.

Comme tout le monde le sait, et comme l'anatomie le prouve, il n'y a pas un nerf qui ne commu-
nique avec le cerveau. Ainsi tout centre nerveux,
même très éloigné du cerveau va aboutir à lui.
Mais aujourd'hui certains anatomistes et physiolo-
gistes croient que certains actes et mouvements ont
lieu sans l'intervention de l'activité cérébrale. Ces actes prennent, pour ce motif, le nom d'*actes réflexes,*
c'est-à-dire représentés par des centres différents
des centres cérébraux. Ces centres qui ne sont pas
cérébraux s'appellent *centres réflexes,* et sont sup-
posés remplacer le cerveau dans la production de
ces actes, par là même qu'ils reçoivent l'impression
donnée par les nerfs centripètes, et qu'ils réagissent
par le mouvement des nerfs centrifuges. Par
exemple : une grenouille décapitée meut une patte
pour se gratter, là où la peau a été irritée par une
goutte d'acide. Or, il est clair que l'irritation de la
peau n'est pas rapportée au cerveau, et cependant
l'action centrifuge, le mouvement de la patte qui
gratte se produit. Le point qui produit le mouvement
de retour vers la périphérie serait, dans l'hypothèse le centre réflexe.

Dans l'hypnose, au dire de M. Bernheim et de son
école, le travail dû aux centres réflexes, et par

conséquent indépendants de l'activité des centres
supérieurs et modérateurs est grand et continuel.
Comment cela se fait-il? Voici le système que l'on
a imaginé, et l'abrégé de son histoire. Lorsque
l'hypnotiseur Hansen faisait en Allemagne ce que
Donato, Dax, Zanardelli et d'autres firent un peu
partout en Europe, et qu'il obtenait des phénomènes merveilleux, les médecins allemands se
donnèrent un mal inimaginable, pour en apporter
une explication scientifique, attendu qu'il leur était
impossible de contester les faits. Il y eut, à cette
occasion, d'étranges opinions émises. Il y en eut
une qui parut plus sagace que les autres, celle que
Bernheim attribue à Heidenhain de Breslau (1). Le
médecin allemand croyait avoir observé expérimen-
talement que « l'excitation faible et continue des
nerfs sensoriels, acoustique ou optique détermine
une suspension d'activité des cellules de l'écorce
cérébrale (*centres nerveux intellectuels, volitifs etc*).
et qu'à cela s'ajoute une excitation des centres
réflexes moteurs sousjacents à l'écorce. »

C'est à l'aide de cette observation qu'on expli-
quait ou que l'on croyait expliquer l'action de
l'hypnose. Les actes hypnogènes, le regard fixe de
l'hypnotiseur sur le sujet, l'objet brillant fixé pendant longtemps etc., était *l'excitation faible et con-*

(1) Bernheim. *De la Suggestion* etc. 3º Ed. page. 176.

tinue qui déterminait chez les hypnotisés l'assou-
pissement des centres nerveux supérieurs, et par
suite de l'intelligence et de la conscience, et enlevait
au contraire tout frein à l'action des sens dont elle
surexcitait les centres moteurs réflexes, de là,
l'inconscience de l'hypnotisé et son activité extrême
à produire des phénomènes sensoriels très variés.
Bernheim adopte cette théorie rudimentaire, et la
remaniant à sa façon, il substitue à l'excitation faible
de Heidenhain, la suggestion qui produit le sommeil,
et avec lui la paralysie des centres nerveux supérieurs. Il affirme, lui aussi, l'accroissement de
l'action sensorielle qui en est la conséquence et la
considère comme recevant de la suggestion extérieure, un surcroît d'excitation et de règlementation.
Il croit avoir donné de la sorte, sans plus, la raison
physiologique des phénomènes hypnotiques. Pour
lui, la suggestion s'appuie sur la dissociation des
centres de l'écorce cérébrale des centres inférieurs
et réflexes. Mais c'est la suggestion qui produit ce
phénomène, et par suite c'est à la suggestion que sa
théorie hypnotique emprunte son être et son nom.

X

LE VRAI ET LE FAUX, EN MATIÈRE DE CENTRES NERVEUX SUPÉRIEURS ET RÉFLEXES

Qu'y a-t-il de vrai dans la théorie de la dissociation des centres nerveux sur la quelle est bâtie, ou
tout au moins s'appuie l'explication donnée par
Bernheim et par l'école suggestioniste?

Et d'abord les centres nerveux supérieurs et qui
exercent leur empire sur les centres inférieurs
existent-ils? St Thomas d'Aquin répond à cette
question à l'endroit de sa somme théologique, où
il se demande si le corps humain jouit d'une dispo-
sition convenable? « Il a fallu, dit-il, que l'homme
parmi tous les autres animaux, eut, par rapport au
corps, le plus grand cerveau... pour que les fonctions
(*operationes*) des forces sensitives qui sont nécessaires à l'opération de l'intelligence s'accomplissent
en lui, plus aisément. » Car, supposé que les instruments de l'imagination, et par suite les objets
de l'acte intellectuel ne soient pas à leur place
dans une situation commode, ils rendraient de
mauvais services à la faculté spirituelle et l'on sait,

5

que « si la faculté sensitive est liée, le jugement est entravé (1) ». St-Thomas n'a pas été le premier à placer le siège du travail intellectuel et sensitif dans la masse cérébrale, rassemblée dans l'encéphale. Aristote, et toute l'antiquité l'avaient dit avant lui. Les modernes en conviennent, pour les mêmes raisons que les anciens. De plus le perfectionnement des moyens anatomiques d'observation leur ont permis de vérifier que, du moment où certains points cérébraux sont lésés soit par une blessure, soit par maladie, il s'ensuit une perturbation dans des fonctions vitales déterminées. Ainsi, par exemple, si l'écorce grise du cerveau est atteinte dans la zone frontale ou pariétale, il se produit des accidents tétaniques, épileptiques dans la nervure motrice, des paralysies, des adynamies ou difficultés de contracter les muscles innervés de nerfs volontaires; d'autres lésions atteignent les contextures inférieures; d'autres produisent de l'aphasie ou de l'impuissance dans la parole, de la surdité, de la cécité et d'autres désordres spéciaux dans la sensibilité. Si l'on tient compte de ces observations que les spécialistes récents développent longuement, il est fort probable qu'il existe une relation entre certains points céré-braux déterminés, et certaines fonctions vitales, déterminées également. Donc, si les anatomistes

(1) St Th. I. q. 91, a. 3; q. 84, a. 7.

récents veulent donner à ces points le nom de
centres nerveux, on ne saurait les en blâmer. Nos
anciens aussi donnèrent le nom de *mémoire* à la
région occipitale. Ainsi au lieu de dire : je suis
tombé j'ai donné de la nuque contre une pierre, ils
disaient comme Cellini : j'ai frappé la mémoire.

Mais, il ne faut pas accorder une confiance
excessive à ces découvertes que l'on décore aujourd'hui du nom de *localisations cérébrales*, ni
surtout les exagérer à la façon du fameux docteur
Gall, qui prétendit assigner des centres moteurs à
trop de fonctions, et avec une minutie excessive, et
n'hésita pas à faire du crâne un échiquier dont les
protubérances devaient révéler avec sécurité les
passions et les aptitudes humaines, et cela, comme le
lui reproche un médecin moderne, M. Mathias
Duval, sans avoir en sa faveur ni l'expérience
sérieuse, ni l'anatomie (1). Ce qui est certain, c'est
que l'on sait fort peu de chose, même à notre temps,
par rapport à ces fameux centres nerveux. Cette
affirmation qui est de grande importance pour

(1) Le Docteur Mathias Duval au 23me vol. du *Nouveau
Dictionnaire de Médecine* Paris. Baillière 1877 in 8o p. 613.
M. Duval donne en 200 pages et plus, un exposé complet
des doctrines en vogue par rapport aux nerfs, et des découvertes qui touchent à la question que nous traitons ici. Pour
ce qui est des localisations cérébrales, il se publie en ce
moment même une étude sérieuse et grave du docteur Rainaldi sur ce sujet. Nous en parlons plus loin dans une note.

notre sujet, nous ne l'énonçons pas à la légère, mais
sur preuves sérieuses. Le professeur Edinger qui
en ce temps-ci même, donnait à Francfort-sur-le-
Mein des leçons « d'anatomie des centres nerveux
précisément et des leçons « inspirées par les travaux
récents de l'école allemande », comme le remarque
son traducteur français, le professeur Edinger qui
fait preuve d'être bien au courant des études ac-
tuelles, même en dehors de l'Allemagne, nous donne
avec une entière loyauté l'avertissement suivant :
« Comme tous ceux qui ont abordé la question épi-
neuse de l'anatomie des centres nerveux, nous
sommes convaincus que *bien peu de faits sont réellement connus, et solidement prouvés*. Il n'y a pas,
dans toute la science anatomique de terrain plus
exposé à subir des modifications que celui-là. » De
plus, « la science des fonctions de l'écorce cérébrale
est jusqu'à ce jour tout entière à ses commence-
ments. » Les anatomistes les plus renommés que
cite Edinger affirment que nous ne connaissons
qu'imparfaitement la structure du cordon médul-
laire, et cependant, il est le siège d'un grand
nombre de centres nerveux qui communiquent avec
la périphérie du corps et avec les centres du cerveau (1). Le premier résultat de notre étude critique

(1) Prof. Ludwig Edinger, *Anatomie des centres nerveux*,
traduit de l'allemand par M. Siraud. Paris, Ballière. 1889,
pag. v, viii, 38, 171.

doit donc être un remerciment adressé à la divine
sagesse, pour les découvertes nombreuses et impor-
tantes qu'elle a permis à notre siècle de faire. Mais
il y aurait outrecuidance à dogmatiser avec sécurité
sur l'existence, la nature, les fonctions des centres
nerveux.

Cette remarque doit être à plus forte raison prise
en considération, quand il s'agit des centres nerveux
appelés *réflexes* que l'on étudie de nos jours avec
passion, et que les hypnologues invoquent à l'appui
de leurs théories, surtout de celles de la suggestion. Que le lecteur nous permette d'ajouter à
l'idée sommaire que nous en avons donné précé-
demment, une analyse suffisante pour notre sujet.
Nous savons déjà qu'on appelle centres *réflexes* certains centres nerveux qui seraient plus convenable-
ment appelés *réflecteurs* parce qu'on leur attribue
le pouvoir de réflecter l'excitation centripète des
sensations venues de la périphérie, en transfor-
mant cette excitation en mouvement imposé et centrifuge, c'est-à-dire en mouvement partant du centre
et aboutissant à la périphérie. Les centres réflexes
rempliraient donc la fonction du cerveau et
régleraient les actes d'après les sensations perçues.
Les physiologues modernes qui les ont observés ou
qui les admettent les définissent en ces termes :
« Le phénomènes réflexe est un phénomène qui se
produit à la suite d'une impression non sentie (*bien*

entendu : non sentie par le sensorium commun du cerveau). Duval emploie une formule plus détaillée pour exposer ce qu'il faut entendre, d'après lui, par phénomène réflexe : « C'est tout acte provoqué par l'effet d'une excitation, qui, transmise à des centres nerveux quelconques par les nerfs sensitifs ou centripètes est *réfléchie* par ces centres dans des nerfs moteurs ou centrifuges. Le siège des centres réflexes serait plus spécialement la masse nerveuse appelée moelle épinière. C'est de la que s'étend dans le thorax et l'abdomen la nervure inférieure aux nerfs du crâne, c'est de là que viennent dans l'encéphale lui-même certains points locaux situés au-dessous de l'écorce grise. »

L'hypothèse de l'existence et du fonctionnement des centres réflexes est assez communément admise par les docteurs modernes ; elle est même exagérée par quelques-uns. Le Dr anglais R. Hammond par exemple, prétend que les facultés intellectuelles s'élaborent non seulement dans le cerveau, mais dans la moelle, ce qui est une opinion antiméthaphysique, et a nos yeux absolument contraire au sens commun. D'autres moins absurdes se contentent d'attribuer à la moelle quelque chose du sensorium commun, ou quelque chose qui ressemble à la vertu psychique qui est propre aux organes de l'encéphale. D'autres finalement (Duval par exemple) voient dans les centres réflexes de la moelle comme une forme ébauchée ou élémentaire de ce qui s'opère d'une façon parfaite dans les centres nerveux de l'encéphale (1) Pour notre part, nous ne saurions trouver dans ces opinions, à part celle de Hammond, rien de manifestement contraire à la vérité, rien d'évidemment absurde, mais nous n'y trouvons non plus rien de certain, rien de fondé, en raison ou de basé sur les expériences anatomiques.

Laissons M. Duval nous avouer qu'on ne sait rien par rapport à l'acte intime en vertu duquel l'excitation centripète devient centrifuge, qu'on ignore la constitution intime du cordon spinal, siège présumé des centres réfléxes ; et qu'en général les centres encéphaliques eux-mêmes sont fort peu connus ; le fait est que les raisons et les expériences alléguées comme preuves sont, en réalité, faibles, équivoques, et sans valeur. La principale preuve alléguée pour établir l'existence et la vertu des centres réflexes et autonomes c'est celle que l'on déduit de certains animaux qui privés d'une partie de leur cerveau, ou même décapités accomplissent certains actes en rapport avec leur instinct ou avec l'excitation extérieure qu'ils subissent. L'homme lui-même, dit-on, produit des actes qu'il n'a pas pensés, que la faculté volitive n'a pas résolus. Nous répondons : qu'en effet un pigeon becquette, vole,

(1 Voir Duval. ouv. cité pag. 537 538 où il cite les auteurs et donne son propre avis.

même quand on lui a en partie, vidé le cerveau ; une mouche vole, même quand elle est décapitée ; une oie pareillement décapitée agite les ailes ; une grenouille sans tête se gratte le flanc avec sa patte quand une goutte d'acide est venue l'irriter. Nous ne serions donc pas étonné si quelque chose de pareil aux opérations des centres réflexes se passait chez les animaux. Plus la vie d'un être vivant est imparfaite (la perfection d'un être est en rapport direct avec ses actes, et avec l'organisme qui les accomplit) et moins le corps se ressent des mutilations partielles. Une hydre, par exemple qui est un polype d'une conformation fort simple, se réduisant à un tube vivant avec un seul orifice supérieur et des extrémités digités, dont tout l'organisme est de la même forme et composé des mêmes éléments anatomiques, nous parait se rapprocher tellement de la nature de la plante, qu'elle peut fort bien supporter, comme elle les supporte en réalité, les mutilations, à la façon de la plante taillée, et demeurer vivante dans chaque tronçon. Si quelqu'amateur entendait donner le nom de centres nerveux réfléxes aux germes vitaux de cet animal rudimentaire, qu'il suive son goût; mais ce serait-là une dénomination qui lui reviendrait . peine génériquement, Il en serait de même, dans une proportion décroissante des autres classes d'animaux comme les annolides, les myriapodes, les batraciens etc. Si chez ces êtres la fonction très faible du cerveau ou du centre principal de la vie sensitive, était, d'une certaine façon suppléé par quelqu'autre centre secondaire, il ne faudrait pas s'en étonner. Ceci soit dit pour ne pas perdre les bonnes grâces des modernes inventeurs des centres réflexes.

Il est vrai qu'on ne sait rien de positif d'où l'on puisse insérer l'existence des centres réflexes. En effet, pour rendre raison des mouvements organiques se produisant postérieurement aux mutilations il n'est nullement besoin d'imaginer et de fabriquer des centres réflexes. Pour expliquer ces mouvements, *les esprits vitaux* connus des anciens, et que le vulgaire d'aujourd'hui n'ignore pas, les esprits vitaux sont suffisants. Pour réduire ceux-ci à des formules acceptables pour les savants, on peut faire observer avec raison que la vie chez l'animal, et la vie en général est un mouvement partant de l'intérieur et spontané. Or, tous les traités de mécanique nous enseignent que le mouvement peut s'accumuler dans le mobile, c'est-à-dire dans le corps qui est en mouvement : la bille sur le billard poursuit sa course, pendant longtemps après que l'impulsion de la queue a cessé; un convoi de chemin de fer s'avance assez longtemps sur les rails, même quand la locomotive l'a abandonné. D'une façon analogue, le pigeon privé de son cerveau continue pendant quelques instants à poser les actes instinctifs, la

grenouille décapitée se gratte là où elle est irritée,
ou pour mieux dire, les nerfs et les muscles façon-
nés par une longue habitude aux mouvements
instinctifs les continuent et les répètent, s'ils y sont
sollicités par les provocations accoutumées, jusqu'à ce que le mouvement vital accumulé chez eux
soit épuisé. Cette explication nous paraît beaucoup
plus simple et plus raisonnable que celle que l'on
a imaginé et qui n'est peut-être qu'imaginaire, à
savoir celle des centres réflexes, servant de cerveaux succédanés. Quoiqu'il en soit, si quelqu'un
tient à conserver (à la suite des anatomistes modernes) le nom de centres nerveux à certains points de
la moelle qui paraissent avoir une action spéciale
propre, mais une action reliée avec le cerveau, nous
ne ferons pas une querelle implacable, sur ce point,
à la nomenclature moderne, tout en la considérant
comme superflue, quand il s'agit de l'animal et à
plus forte raison quand il est question de l'homme.

En effet : S'il est superflu de recourir aux centres
nerveux chargés de suppléer le cerveau quand il
s'agit de l'animal, cette invention devient tout à fait
oiseuse et touche à l'absurde quand il est question
de l'homme. Certes, on n'a jamais donné de ce fait
une démonstration concluante. Jamais, en effet, on
ne nous a fourni une expérience nous faisant voir un
acte vital, produit par le tronc d'un homme séparé
de la tête. On y verra des mouvements mécaniques,

parfois quelque végétation, comme la barbe qui
pousse : mais un acte du système autonome, comme
l'agitation d'un bras, le mouvement d'un doigt, à
notre connaissance, on ne l'a jamais vu, et aucun
médecin n'en n'a rapporté aucun. Donc, là où il
n'existe pas d'actes réflexes il est tout à fait oiseux
de rechercher les centres auxquels ils doivent
être attribués.

Nous disons que les actes réflexes n'existent pas,
parce que certains actes prétendûment réflexes ,mis
en avant par les névrologues modernes, spécialement par les hypnotistes, comme Bernheim et ses
disciples, accusent plutôt chez les médecins l'oubli
des doctrines philosophiques élémentaires que
l'existence des centres réflexes. Des actes pareils,
en effet, ne sont pas du tout indépendants de l'action
cérébrale, et par suite, même en acceptant les défi-
nitions modernes que nous avons rapportées plus
haut, on ne peut pas les qualifier de réflexes. Aux
yeux des hypnotistes en question ce seraient des
actes réflexes, c'est-à-dire des actes autonomes de
centres nerveux médullaires, que celui de chasser
une mouche sans y penser, ou durant le sommeil,
de continuer par distraction à sonner, à faire de la
musique, de continuer à manger, à marcher, sans
y faire attention. Or, il est évident que ces actes et
d'autres pareils sont en relation avec le système
cérébral, ni plus ni moins que tous les autres actes

de même nature. Celui qui dort, chasse la mouche,
en vertu de l'habitude qu'il a de la chasser, habitude
qui facilite l'acte de telle façon que l'action cérébrale
centrifuge se produit du moment où l'excitation
centripète a fait arriver au sensorium commun le
désagrément éprouvé à la périphérie. Le sommeil
n'est pas la mort, ni la léthargie, ni le coma :
mais uniquement une dépression des facultés
sensorielles et des mouvements volontaires. Aussi,
quand les excitations de la périphérie deviennent
tellement vives, qu'elles se font sentir, même pendant le sommeil, elles provoquent l'acte réflexe des
centres cérébraux, dans la mesure habituelle et
proportionnée. On ne saurait imaginer un motif
pour lequel, afin de déterminer l'action centrifuge
de chasser la mouche, il faudrait appeler à son se-
cours un centre secondaire et autonome, tandis que
le cerveau est dans l'habitude de donner de pareilles
réponses à de pareilles provocations. Le marcheur
éveillé, celui qui mange et celui qui sonne continue
à agir ou à prolonger son action en vertu de l'acte
volontaire par lequel il a commencé à marcher, à
manger, à sonner : son acte initial dure *virtuelle-
ment* tant qu'il n'est pas révoqué. Le second pas
est aussi bien voulu que le premier, il en est de
même du troisième, du centième. C'est tout à fait
un hors-d'œuvre de chercher au second pas, une
cause différente de celle du premier. Tant que la

première cause subsiste, elle suffit surabondamment.

Résumons-nous : ni la raison, ni les expériences, ni l'anatomie ne nous engagent à admettre des centres réflexes, autonomes et capables d'une action propre, sans le concours de l'activité cérébrale. La chose est évidente chez l'homme. Chez l'animal, l'existence des centres réflexes n'est pas mieux prouvée que chez l'homme. Toutefois, certains phénomènes nouvellement observés chez eux rendent cette nomenclature supportable. Que l'on appelle donc, si l'on y tient, phénomènes réflexes ces phénomènes que nos ancêtres connaissaient un peu moins que nous, et mettaient au compte des esprits vitaux. La dénomination des phénomènes des esprits vitaux, c'est-à-dire du résidu de la vie demeuré dans les organes, après qu'on a fermé la source de celle-ci, nous semble avoir une valeur un peu plus sérieuse que la nouvelle appellation de phénomènes réflexes peu physiologique et moins scientifique.

Abordons à présent la grande question de savoir s'il est possible oui ou non d'opérer la dissociation des centres nerveux.

XI

QUE FAUT-IL PENSER DE LA DISSOCIATION HYPNOTIQUE DES CENTRES NERVEUX ?

Nous avons mis en lumière le sens des termes, et démontré que chez l'homme n'existent pas ce que les modernes appellent centres nerveux réflexes. Ce que l'on constate uniquement chez lui, ce sont certaines aréoles, certains points dans l'écorce cérébrale que l'on peut qualifier de centres nerveux supérieurs ou dominants, ou intellectuels, pour autant qu'ils sont en relation avec certaines fonctions déterminées de la vie organique, sensitive et raisonnable. Ceci posé, la question de la dissociation, des centres nerveux est pour ainsi dire résolue. Du moment qu'il n'existe qu'un seul terme, il devient impossible de le séparer des termes qui n'existent pas. Toutefois, afin d'épuiser à fond la question *ad hominem*, admettons un instant, en nous appuyant sur les hypothèses même de l'école suggestioniste, admettons ce que les hypnotistes prétendent nous imposer sans preuves, qu'il existe chez l'homme des

centres nerveux réflexes, indépendants du système
cérébral, de la même façon qu'ils existent (comme
le veulent les hypnotistes, mais sans le prouver)
chez certains animaux imparfaits. Eh bien! En dépit
de tout cela, nous allons faire voir que la dissociation des centres imaginée par eux à titre de phénomène fondamental destiné à offrir une explication
naturelle de l'hypnose est tout bonnement une impossibilité.

Les hypnologues qu'entendent-ils par dissociation des centres nerveux?

Demandez-le à l'expérience fondamentale de
Heidenhain, aux doctrines de Bernheim, et, il nous
est permis de l'affirmer, aux théories de tous les
hypnologues, spécialement de la nouvelle école
suggestioniste. Les actes qui engendrent l'hypnose
et surtout la suggestion morale possèdent, d'après
eux, la vertu de déprimer et de paralyser les centres
supérieurs et régulateurs, en y produisant l'inertie
et l'inconscience. En même temps, ils ont la vertu
d'exalter les centres secondaires et réflexes, en y
produisant une activité indépendante des centres
régulateurs (1). Or est-ce là un fait physiologique?
Une expérience fondée? Nous disons nous que ce
n'est ni un fait, ni une expérience admissible? Si
Heidenhain a voulu nous apprendre que par des
excitations faibles et continues on obtient le sommeil,

(1) Voir plus haut n. III et IX.

pendant lequel la raison est assoupie, et les nerfs de la vie végétative et sensitive, le système nerveux du grand sympathique spécialement demeurent seul en activité, il nous a révélé là un fait que toutes les nourrices du temps préhistorique connaissaient déjà, puisqu'elles s'en sont toujours servi pour endormir leurs nourrissons. Mais, s'il a voulu nous faire croire que les centres supérieurs de l'écorce grise demeurent paralysés par eux-mêmes, et incapables d'une action autonome et spontanée; capables uniquement d'une action suggérée du dehors; et qu'au contraire les centres inférieurs et réflexes prennent plus de vie que jamais, affranchis qu'ils sont du frein de la raison, et deviennent dociles à la suggestion extérieure, si c'est là ce qu'il a voulu dire, et ce qui est la théorie suggestioniste, il nous a endossé une billevesée scientifique solennelle, contre laquelle protestent l'anatomie, l'expérience et le bon sens.

Paraît-il probable que le son monotone d'une chanson, une rumeur faible et prolongée, la fixation d'un objet brillant agissent sur les cellules cérébrales avec un discernement tel qu'ils endorment certains centres, et en éveillent d'autres, tandis que ces cellules sont reliées entre elles de mille manières? tandis que les centres nerveux sont enveloppés dans des amas de nerfs si serrés et si enchevêtrés que les nevrologues les plus attentifs ne réussissent pas à voir clair dans ce chaos?

On comprend que le sommeil ne déprime pas les nerfs ou les centres de la vie organique, parce que le Créateur voulant que la vie ne soit pas interrompue les a fait insensibles et innaccessibles à la dépression du sommeil et à toute autre dépression quelconque. Mais, les centres qui sont au service des fonctions mentales et volontaires l'expérience nous l'enseigne, sont toujours unis, dans leur action, aux centres sensoriels. Les images produites par les impressions périphériques des sens sont l'objet propre que la lumière intellectuelle illumine et transforme en idées. L'un ne peut subsister sans l'autre, ni l'un agir sans l'autre. Les centres sensoriels eux-mêmes ne sentiraient rien sans l'âme qui les anime et leur donne de faire partie du composé humain. Comment est-il donc possible de les séparer dans leur activité, de telle sorte qu'une seule et même cause intrinsèque renforce les uns et déprime les autres?

Nous avons indice sérieux de la justesse de cet exposé dans le fait que nous révèle le couteau anatomique. Tous les centres cérébraux sont merveilleusement reliés entre eux, et avec les centres réflexes (s'il nous convient d'accepter cette appellation) répandus en des parties inférieures surtout dans la moelle épinière. Les anatomistes les plus récents qui ont étudié la structure des couches de

l'écorce grise qui est le siège solennel, et aujour-
d'hui reconnu des centres suprêmes observent que
toutes sont sillonnées de bas en haut par des fibres
nerveuses dont plusieurs tirent leur origine de la
substance blanche des circonvolutions, et communiquent par conséquent avec elle. Ce n'est pas assez :
les fibres nerveuses qui appartiennent en propre à
l'écorce grise, observe le savant Edinger, » s'étendent de toutes parts de circonvolution en circonvolution, aux circonvolutions voisines, aux circonvolutions éloignées, unissant entre eux des lobes
entiers... Ce système de fibres dit d'association (ne
*dirait-on pas que la dissociation hypnotique est visée
ici ?*) a surtout pour but de mettre en relation entre
elles toutes les parties du cerveau. Les associations
multiples d'idées, de mémoires, de sensations, de
mouvements qui font partie de la physiologie
cérébrale trouvent peut-être dans ces associations
leur substratum anatomique (1). »

Passant ensuite à l'étude directe de la connexion
des centres nerveux, le très moderne anatomiste
admet à la vérité des centres propres des nerfs
périphériques situés dans le cerveau moyen et la
moelle épinière, mais il les dit tous reliés aux
centres supérieurs de l'écorce grise. Voici ses propres paroles : « De toutes les parties de l'écorce
cérébrale naissent des fibres nerveuses en grand

(1) Prof. Ludwig Edinger, ouv. cité p. 57.

nombre qui mettent en communication le cerveau
antérieur avec les parties profondes des centres
nerveux. Beaucoup de ces fibres pénètrent au dedans
du cerveau intermédiaire, et d'autres vont jusqu'aux
masses grises du cerveau moyen et au nœud nerveux de la protubérance annulaire où elles paraissent, à première vue, se terminer. Un certain
nombre de ces fibres descend plus bas, traverse la
capsule interne, les pédoncules du cerveau, la
protubérance, la moelle allongée, et va aboutir à
la moelle épinière, où les fibres nerveuses se dissé-
minent dans la substance grise (la partie de la
moelle épinière qui est le siège propre assigné aux
centres nerveux réflexes) à des profondeurs différentes (1). »

C'est sur cette donnée de l'union physique et anatomique des centres nerveux que nous nous appuyons
de concert avec l'expérience et le bon sens. Nous
le demandons, où la suggestion puise-t-elle cette
force pour réussir à dissocier des centres si étroite-
ment associés par la nature? Comment fait-elle pour
déprimer les centres supérieurs et exalter les
centres inférieurs et les réflexes qu'elle met au
pouvoir du suggestionneur. La suggestion, d'après
les affirmations réitérées de Bernheim est un moyen
moral; c'est une idée introduite dans le cerveau,
par le canal auriculaire. Mais, sur quel sujet cette

(1) Ouv. cité p. 62.

idée agit-elle? sur les centres nerveux secondaires
réflexes? Non, puisque ce sont des cellules inintelli-
gentes, inconscientes et intangibles par une idée,
elles ne se meuvent que si elles sont commandées
par l'entremise des nerfs du cerveau. Agit-elle sur
les centres de l'écorce cérébrale qui sont les servi-
teurs nécessaires de l'intelligence? Non, parce que
ces centres du moment qu'ils sont envahis par le
sommeil se trouvent déprimés, et dans l'hypothèse
suggestive paralysés. A qui donc et à quoi s'adresse
la suggestion? A rien. De plus : à quel moment
réalise-t-elle la séparation des centres, en vertu
d'une idée qui entre dans le cerveau, portée là par
les nerfs auditifs? Elle ne saurait le faire quand le
sujet est encore libre et éveillé, quand les centres
intellectuels et organiques sont associés, agissent
spontanément, et agissent si bien que le sujet à
hypnotiser se remet volontairement aux mains de
l'hypnotiseur et se prête à dormir. Elle ne saurait
le faire quand le sujet est endormi, parce que dans
la dépression du sommeil, il ne reçoit plus d'impressions du dehors. Donc la dissociation des
centres ne saurait s'accomplir en aucune façon ni
en aucun temps.

En somme, la prétendue dissociation est, de sa
nature, contraire aux enseignements précis de
l'anatomie; elle est contraire aux données de la
philosophie, dans ses circonstances hypothétiques.

De toute manière, elle n'est pas une doctrine médicale, mais une création poétique et divinatoire, fabriquée tout exprès pour la pratique des hypnologues qui en avaient besoin.

Nous y reviendrons, quand nous aurons à parler tout à l'heure de la soumission de l'hypnotisé à l'hypnotiseur. En attendant, résumons, selon notre habitude, ce que nous avons dit jusqu'ici et concluons. Nous acceptons la dénomination introduite par les physiologues récents de centres nerveux supérieurs, intelligents et volontaires; mais nous les acceptons dans le sens de S. Thomas d'Aquin, comme des instruments nécessaires aux opérations spirituelles, et non pas dans le sens matérialiste, celui de centres pensants par eux-mêmes. Nous admettons leur existence, mais sans donner dans les exagérations de certains *localisateurs* (comme le vieux Gall et le récent docteur R. Hammond) des facultés individuelles et organiques (1). Les centres

(1) Pendant que nous traçons ces lignes, nous recevons un splendide programme imprimé qui nous est gracieusement adressé par le docteur Rinaldo Rainaldi. Ce savant médecin publie en ce moment une vaste étude sus *les localisations cérébrales* étudiées dans un cas d'hypnotisme. Nous ne pouvons qu'applaudir à un travail sur les localisations qui a donné et peut produire encore d'excellents résultats pratiques pour la thérapeutique et la chirurgie. Nous y applaudissons en dépit des plaintes qu'il formule contre nous sommairement, parce qu'en écrivant sur l'hypnotisme, nous avons fait une fâcheuse réputation aux hypnotiseurs,

nerveux réflexes et ne dépendant pas de l'influence cérébrale, nous les admettons, à titre d'hypothèse, qui sans être absurde n'est pas nécessaire, mais chez certains animaux imparfaits; chez l'homme nous les admettons uniquement dans la mesure de centres spéciaux, mais toujours coordonnés par le moyen des nerfs avec les centres cérébraux. Nous avons démontré ensuite que la dissociation des centres affirmée par les *hypnologues* suggestionistes pour étayer leur théorie de l'action inconsciente des hypnotisés, et de la production des phénomènes hypnotiques, est une chimère, ou une invention qui répugne à l'anatomie et au raisonnement.

Il nous reste à présent à examiner jusqu'à quel point la suggestion explique le pouvoir que l'hypnotiseur acquiert et exerce sur l'hypnotisé, et à conclure, en offrant à nos lecteurs certains corollaires pratiques.

mais, il ne nous convient pas de dissimuler notre pensée. L'ouvrage du docteur Rainaldi serait à nos yeux infiniment plus utile, s'il traitait les localisations sans y mêler l'hypnotisme. Le lecteur studieux pourrait alors se rendre compte des phénomènes de la localisation observés par lui tels que la nature les présente, sans avoir sans cesse à se préoccuper des irrégularités ou perturbations qui peuvent se produire chez eux par le fait de l'état hypnotique du sujet, état qui est toujours enveloppé dans les ténèbres, et qui donne lieu à des perplexités.

XII

L'HYPNOTISÉ SOUS LA DÉPENDANCE ABSOLUE DE L'HYPNOTISEUR.

C'est un phénomène observé et reconnu par tous ceux qui ont écrit sur l'hypnotisme qu'une fois l'hypnose commencée, le sujet demeure à la merci de l'hypnotiseur. Une force inconnue et irrésistible l'abat et le dompte, pendant toute la durée de l'opération hypnotique, de façon « à rendre un homme *esclave* d'un autre homme, sans que le premier ait conscience des dommages qu'il peut subir ou produire. » Ainsi s'exprime dans son *avis* le conseil suprême de santé réuni par le gouvernement italien à Rome, et présidé par l'ex-ministre, le professeur Baccelli. Nous avons nous même cité ailleurs à ce sujet les autorités de docteurs hypnotistes en grand nombre. Tous décrivent l'hypnotisé comme une *possession* de l'hypnotiseur, un *automate*, une *machine*, enfin comme une *proie brute* selon la dure, mais trop exacte expression du docteur César Lombroso (1). Telle est aussi la manière de

(1) Voir *Franco, Hypnotisme.* pp, 167-172.

voir de tous les hypnotiseurs pratiques se basant sur des expériences innombrables et irrécusables.

Il est vrai que les cas d'hypnose imparfaite, dans lesquels le sujet conserve quelque lueur, quelque éclair de conscience ne sont pas absolument impossibles. Certains docteurs en fort petit nombre, l'anglais H. Tuke, par exemple, considèrent l'abolition de la conscience comme un épiphénomène se surajoutant aux phénomènes propres de l'hypnose. Nous même nous avons, sur ce point, publié un fait décisif arrivé à la personne d'un médecin magnétisé malgré lui qui, durant toute la période hypnotique, conserva la lucidité parfaite de son esprit, et la parole pour rendre compte aux assistants de ses impressions internes. Mais, il n'en est pas moins vrai que le pauvre docteur, en dépit de toute sa lucidité d'esprit et de sa répugnance, était contraint d'obéir comme une marionnette aux ordres de l'hypnotiseur même absent. Il est du reste certain en général, d'après les expériences ordinaires, que le sujet, même en conservant, en tout ou en partie, son libre arbitre, n'en est pas moins dompté par les commandements de l'hypnotiseur, et qu'il se plie à contre cœur oui, mais irrésistiblement à l'exécution de ce qui lui est enjoint. Il plantera, si on le lui dit, le poignard dans la poitrine d'un ami, il ira se jeter lui-même dans la gueule d'un lion.

Il est manifeste, d'après cela, que les hypnoses

graduelles, dans les cas rares où elles se produisent, ne détruisent pas l'état passif du sujet, soit avec une conscience lucide, soit avec une conscience obscurcie. Du reste, le célèbre praticien de la Salpêtrière de Paris, le docteur Paul Richer fait cet aveu. « Il ne nous a jamais été donné d'observer chez nos hystériques, ces cas d'hypnose incomplète avec la persistance de la conscience à différents degrés. Le sommeil était toujours profond, et du premier moment poussé à l'extrême (1). » La soumission absolue des hypnotisés à leurs hypnotiseurs, est donc prouvée et certaine. Cette soumission persiste toujours durant l'expérience hypnotique, et peut se prolonger pendant des semaines et des mois, dans les cas de phénomènes à échéance fixe. Cette soumission a invariablement une manifestation visible, dans la cessation de l'hypnose, au premier souffle de l'hypnotiseur. Cette soumission enfin à souvent des suites pénibles, dangereuses, immorales, dans l'état de dépendance excessive, d'esclavage pour ainsi dire que les sujets conservent pendant longtemps, après l'expérience, vis-à-vis de leur hypnotiseur. Mais, c'est là un point sur lequel nous n'insistons pas pour le moment.

(1) *Richer*, la grande hystérie page 772.

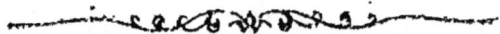

XIII

LA DÉPENDANCE DE L'HYPNOTISÉ N'A PAS POUR CAUSE
LA PARALYSIE CÉRÉBRALE DE CELUI-CI

Après avoir constaté cette condition irréfragable
des sujets soumis à l'hypnose, on se demande comment les suggestionistes l'expliquent, en d'autres
termes, comment la suggestion produit physiquement le phénomène de cette soumission totale chez
celui qui subit l'action hypnotique, et la domination
totale corrélative chez celui qui en est l'instrument?
Les suggestionistes répondent d'ordinaire que cela
arrive en vertu de la suppression de l'énergie des centres supérieurs intellectuels, et de l'excitation de
l'énergie des centres inférieurs et réflexes. Voici en
quels termes s'exprime le chef d'école M. le docteur
Bernheim : « La seule chose certaine, c'est qu'il
existe chez les sujets hypnotisés ou impressionnables
à la suggestion une aptitude particulière à transformer l'idée reçue en acte... Chez l'hypnotisé, la
transformation de l'idée en acte, sensation, mouvement ou image, se fait si vite, que le contrôle intellec-

tuel, n'a pas le temps de se produire ; quand l'organe physique intervient, c'est un fait accompli qu'il enregistre souvent avec surprise, qu'il confirme par cela même qu'il en constate la réalité, et son intervention ne peut plus l'empêcher. » Les suggestions négatives (celles qui prohibent un acte organique) agissent, toujours d'après Bernheim, d'une façon analogue. Il y aura bien l'excitation propre dans les organes qui en sont le siège, mais elle n'arrive pas au cerveau, et ainsi, par exemple, « la rétine reçoit l'image ; la vision rétinienne existe, la lumière fait contracter la pupille ; mais la perception cérébrale de l'image rétinienne n'existe plus. (Bernheim pp. 197-201). » Elle n'existe plus parce que l'hypnotiseur, par sa suggestion a enchaîné les organes cérébraux. L'étonnant docteur s'attarde ici à prouver l'existence de ces faits, que nul ne conteste, vu le nombre infini d'expériences qui se font chaque jour. Mais, après toutes ces affirmations, quand il devait en donner une explication quelconque, il se voit impuissant à nous dire pourquoi l'idée n'existe plus, après la suggestion venue du dehors ; et il se contente de répéter timidement : « Il semble que ce soit une paralysie réflexe d'un centre cortical que l'idée suggérée a produite dans ce cas (Bernh. p. 199). »

Or, il faut, nous semble-t-il à nous, une dose prodigieuse de crédulité ou de *crédivité*, comme

dirait Bernheim, pour admettre qu'une idée paralyse un organe cérébral. Une idée intellectuelle qui
exerce directement et immédiatement une activité
physique et matérielle est un paradoxe qui heurte
le bons sens, sans parler des données de la métaphysique. Messieurs les docteurs en médecine, fussent-ils lauréats, devraient s'abstenir de borner
leurs élèves, en leur faisant avaler des absurdités
aussi palpables. Tout le monde sait que l'idée, par
là même qu'elle est un acte intellectuel ne saurait
agir que sur la volonté ; laquelle à son tour opère
sur la force motrice des membres. Il s'en suit que
le seul et unique procédé physiologique et physique
par lequel une idée peut obtenir un mouvement organique est nécessairement indirect et médiat. Une
idée peut exercer une influence sur les organes
vitaux, pour autant que, par l'intermédiaire de la
volonté, elle influe sur les mouvements du corps,
en soumettant celui-ci à recevoir des impressions
extérieures qui excitent des sensations diverses.
Ces sensations transportées au sensorium commun
et à l'imagination dans le cerveau, deviennent des
images, dans lesquelles l'intelligence, à la lumière
spirituelle dont elle est dotée, perçoit spirituelle-
ment son objet. La volonté humaine peut faire
suivre cette opération de l'intelligence d'un mouvement commandé de nerfs correspondant au mouvement voulu. C'est ainsi que l'idée provoque un acte

organique de l'homme ou du composé humain qui,
de par l'union de l'âme et du corps, est une substance unique. C'est ainsi que le mouvement physique et physiologique causé par une idée intellectuelle se comprend : l'impulsion vient originaire-
ment de l'âme, mais non pas de l'âme seule. Elle
émane de l'âme en tant qu'elle informe (pour nous
servir d'un terme scolastique fort clair) en tant
qu'elle informe le corps et le rend vivant. La vie
ensuite est la source du mouvement ou plutôt elle
est mouvement provenant de l'intérieur : *motus ab
intrinseco*.

Que si l'on écarte ce procédé, si l'on prétend que
l'idée suggérée opère sur un centre nerveux et le
détermine au mouvement ou au repos, on énonce
une absurdité. Or telle est l'explication de l'état de
soumission où demeure l'hypnotisé, il n'y en a
point d'autre, « c'est, nous dit-on, une paralysie
d'un centre cortical produite par une idée suggérée. »
Or une paralysie produite par une idée est le comble
de l'absurde. A moins que les suggestionistes ne
se décident à avouer que l'idée suggérée porte avec
elle quelque élément nouveau et non naturel, ou
tout au moins inconnu jusqu'ici, un élément qui est
une cause du phénomène de la paralysie, ou bien,
ce qui revient au même, à moins qu'ils ne confessent
que le sommeil hypnotique n'est pas, comme ils le
disent, un sommeil naturel, mais plutôt un état

6.

nouveau et mystérieux, dans lequel devient possible ce qui, dans le sommeil ordinaire est impossible, à savoir que l'idée spirituelle agit comme un agent matériel et physique. Mais les suggestionistes se garderont bien de souscrire à cette hypothèse. Ce serait admettre ouvertement que la suggestion n'opère pas par une vertu naturelle, mais bien plutôt par une vertu inconnue dans la nature. Cette supposition, en effet, renverserait par la base le château de cartes de leurs explications de l'hypnotisme qui avant tout ont la prétention d'être purement et exclusivement naturelles.

XIV

MÊME EN CONCÉDANT L'ABSURDE PARALYSIE MENTALE, LE DOMAINE DE *L'HYPNOTISEUR* SUR L'HYPNOTISÉ NE S'ENSUIT PAS

Mais, admettons un instant l'absurdité d'une idée suggérée et paralysant les centres intellectuels, les suggestionistes auront-ils rendu raison, par là, de la soumission de l'hypnotisé, et du domaine corrélatif qu'acquiert sur lui l'hypnotiseur ? Non certes ! Etant donnée la paralysie mentale, qu'arriverait-il ? Que l'hypnotisé serait comme un cheval sans bride, un navire sans timon. Or, comment l'hypnotiseur ferait-il pour rassembler lui-même ces brides tombées par terre ; comment pourrait-il saisir et tourner à son gré ce timon brisé ? Monsieur Bernheim convient qu' « à l'état normal, toute idée formulée (*par quelqu'un qui la suggère*) est discutée par le cerveau qui ne l'accepte que sous bénéfice d'inventaire (B. p. 797). » De là la liberté morale et l'indépendance de tout homme même pressé par la suggestion d'autrui. Tandis que dans le sommeil hypnotique, continue Bernheim, l'esprit ne juge plus dès idées proposées : « *Le dormeur hypnotisé* s'endort avec l'idée immobilisée en rapport avec celui qui l'a endormi ; de là, la possibilité à cette volonté étrangère de lui suggérer des rêves, des idées, des actes (B. p. 171). »

Nous répondons que ce sont là des mots, rien de plus. Nous croyons rêver quand nous voyons des hommes de science raisonner avec si peu de sérieux. *Il paraît* que l'idée suggérée paralyse les centre mentaux, et l'on admet cela comme de l'Evangile ! *Il est possible* qu'une volonté étrangère suggère des idées et des actes, et cela est mis en avant comme un fait démontré ! Mais, pourquoi ne pas discuter au préalable philosophiquement et médicalement cet *il paraît*, cet *il est possible*? M. Bernheim se serait-il aperçu que cet *il paraît* est un rêve de malade, comme nous l'avons démontré tantôt ; que cet *il est possible* est une chimère, comme nous allons le prouver à présent ?

On se prend à rire, seulement à penser qu'une personne agisse en maître dans l'intérieur d'un autre individu, autrement que par voie de persuasion adressée à son esprit, qui ensuite par un mouvement libre, volontaire et personnel fait mouvoir, son organisme. Cette affirmation prête à rire, parce que tout d'abord elle répugne à la métaphysique et à l'anthropologie, parce qu'ensuite elle répugne au bon sens et à l'expérience quotidienne, parce qu'enfin elle répugne aux autres théories des suggestionistes.

Il répugne à l'unité de la personne humaine qu'un individu puisse s'introduire dans le système vital d'un autre individu. Tous les psychologistes admettent, d'un commun accord comme une vérité certaine que chez l'homme le principe de tout acte de l'intelligence de la volonté, et de toute action vitale est unique. Ce principe est l'âme dotée de raison qui anime immédiatement le corps, et de cette union substantielle résulte le composé humain, l'homme. Le Pape Pie IX, dans une lettre à l'évêque de Breslau condamne sévèrement Baltzer pour avoir contredit cette doctrine commune parmi les philosophes chrétiens, cette doctrine que le Pontife déclare être la seule vraie, et ne pouvoir être niée, sans errer en matière de foi (1). Or, si l'hypnotiseur pouvait, sans le consentement de l'hypnotisé, commander et obtenir des actes organiques et vitaux, il deviendrait la source et le principe de ces mouvements, et le principe de la vie individuelle ne serait plus unique.

Mais, sans recourir à des preuves aussi relevées, le bon sens universel, et la conscience intime de

(1) Voir sur la certitude de cette doctrine l'ouvrage insigne de notre collègue le P. J. M. Cornoldi : *La philosophie scolastique.*

chacun rendent ce témoignage irréfragable, que chaque acte personnel prend sa source dans notre activité individuelle, que nul agent extérieur n'a de pouvoir ni sur notre intérieur, ni sur les actes libres de notre esprit, ni sur les actes autonomes corporels, qu'il peut moins que rien sur les actes automatiques du système vital. A ce point de vue, il n'y a pas de différence entre l'homme sain et l'homme malade, entre l'homme éveillé et l'homme endormi. Il en a été ainsi depuis les temps préhistoriques jusqu'à nous. Donc l'idée suggérée par un autre, la parole envoyée par le canal auriculaire est impuissante à agir sur le système nerveux ou intellectuel de l'hypnotisé, elle ne sert pas à le dominer, si elle ne pénètre pas jusqu'à l'intelligence qui l'entende et jusqu'à la volonté qui s'en émeuve. Par conséquent il est absurde de faire découler l'empire de celui qui hypnotise de la suggestion, ou de celui qui la fait. L'empire existe, il n'existe que trop : mais on ne saurait l'attribuer à cette cause.

Elle est plaisante la façon dont l'hypnotiseur entre en possession du sujet hypnotisé, toujours au dire bien entendu des suggestionistes. Ecoutons, de nouveau à ce sujet leur porte-drapeau suivi d'un commun accord par les disciples de la nouvelle école. « Le dormeur hypnotisé s'endort avec l'idée immobilisée en rapport avec celui qui l'a endormi, dit Bernheim (page 171) ; de là la possibilité à cette volonté étrangère de lui suggérer des rêves, des idées, des actes ». Mais, il n'en est absolument rien !

Il y a là deux affirmations gratuites, et fausses au surplus. Qui donc a dit à l'aventureux Docteur que parce qu'une personne a reçu la suggestion, a été persuadée de se livrer au sommeil, elle doit par là même garder immobilisé dans son esprit, pendant son sommeil, celui qui l'a endormi. L'effet du sommeil est précisément d'effacer les pensées présentes pendant qu'on était éveillé. Chacun le sait, par expérience. On aura parlé, discuté d'affaires de haute importance, jusqu'au moment de fermer les yeux, et cependant les yeux une fois fermés, toutes les affaires et toutes les personnes disparaissent de l'esprit, tout comme la scène disparaît à la chute du rideau Les pensées qui vous assiègent le plus douloureusement disparaissent d'ordinaire pendant le sommeil. Les enfants d'Adam, en effet, depuis l'origine du monde sont habitués à demander au sommeil l'oubli des soucis cruels qui les travaillent. C'est un bienfait de Morphée que les poètes ont chanté dans tous les rythmes. Mais, les docteurs suggestionistes ont changé tout cela. Ils viennent nous raconter qu'un pauvre homme, pour avoir été endormi par un de ses semblables, doit forcément tenir son endormeur *immobilisé* dans son esprit, même au milieu de son sommeil le plus profond !

Et, en attendant, ils nous jurent que le sommeil hypnotique est substantiellement le même que le sommeil naturel. C'est, en vérité compter un peu trop sur la crédulité ou pour mieux dire sur la niaiserie du vulgaire. Ils contestent, sans motif aucun, les faits les plus certains aux yeux du genre humain tout entier, et ils inventent pour leur usage, pour les besoins de la cause des phénomènes sans consistance, des phénomènes contraires à l'expérience de tous les jours. C'est ainsi qu'ils s'imaginent avoir bâti une théorie.

Nous en disons autant, et avec tout autant de raison de la seconde assertion de Bernheim. Il prétend que de ce fait qu'une personne se trouve immobilisée dans l'esprit d'une autre pendant son sommeil, naît la possibilité que cette personne étrangère suggère à la dernière des rêves, des idées, des actes. Cette assertion est fausse, elle aussi. L'expérience nous dit que la personne endormie ne sent rien de la part d'une personne étrangère, et que si elle arrive à sentir, elle s'éveille. Voilà l'effet naturel de la suggestion : qu'on le nie si on le peut. Il y a parfois des cas, surtout quand il s'agit de somnambules, que ceux-ci ne s'éveillent pas ; mais que l'imagination, et une certaine lueur de raison demeurant éveillées, ils se prêtent à la suggestion d'une façon imparfaite et incertaine, jamais cependant dans ces termes décidés, subits et

foudroyants que nous constatons chez les hypnotisés. C'est tout autre chose. La condescendance
partielle et hésitante du somnambule n'a rien de
commun avec l'exécution totale, machinalement pré-
cise que nous observons chez l'hypnotisé. Celui-ci
est dominé par son maître l'hypnotiseur, dans tous
ses actes organiques, et jusque dans ses actes
spirituels, comme seraient par exemple : l'amnésie,
l'aboulie, la haine, l'amour, et autres semblables.
Le somnambule peut-être dominé d'une façon telle
quelle. On peut le seconder dans ses mouvements
propres et lui suggérer des actes analogues à ceux
qu'il a coutume de poser quand il est éveillé. Le
dormeur hypnotisé au contraire pense, dit, fait des
choses qu'il n'a ni pensées, ni dites, ni faites jamais,
des choses extravagantes et répugnantes à sa conscience habituelle, des choses contraires à l'honnêteté. Il suffit qu'elles lui soient commandées. Tous
les hypnotistes et M. Bernheim avec eux en conviennent, et ils en citent des exemples sans fin.

Cet empire excessif de l'hypnotiseur sur son
client est un phénomène nouveau et d'un genre
spécial qui n'a rien de commun avec l'empire incertain, fallacieux qu'un suggestionneur quelconque
peut exercer sur un dormeur, celui-ci fut-il même
somnambule. Le simple suggestionneur, quoiqu'il
fasse, n'arrive pas à suggérer « des rêves, des idées,
des actes, » comme nous le voyons dans l'hypnose.

7

Il faut donc se résoudre à avouer que cet excès d'empire est dû à une autre cause que la suggestion naturelle. Quel peut être cet élément occulte, qui coopère avec la suggestion naturelle ? Ce n'est pas ici le lieu de le rechercher. Nous nous contentons d'affirmer, et c'est le seul point qu'il nous importe d'établir, pour le moment, celui qui découle des observations que nous venons de présenter. Nous affirmons que l'empire sans bornes exercé par l'hypnotiseur ne saurait être attribué à la vertu de ses suggestions.

XV

LA THÉORIE DE LA SUGGESTION EST CONTRADICTOIRE EN ELLE-MÊME

Pour rendre plausible, en quelque manière, cet empire absolu de l'hypnotiseur, les suggestionistes et leur chef M. Bernheim se donnent un mal inimaginable pour faire admettre que le dormeur étant incapable de se former des idées par lui-même doit naturellement accepter celles qui lui sont proposées par le suggestionneur. Or, voilà le domaine de celui-ci établi. Mais, cela se dit, sans qu'on le prouve ; de plus cela est contraire au bon sens, et chose singulière, cette affirmation détruit une des principales doctrines des suggestionistes. Montrons-le brièvement, car il importe de n'accepter que sous bénéfice d'inventaire les découvertes fantaisistes de la science nouvelle. Les suggestionistes ne nous ont-ils pas dit et solennellement répété que la suggestion a pour effet propre de paralyser les centres supérieurs du cerveau, c'est-à-dire les centres intellectuels ? Sans contredit : c'est un axiome pour cette école. Ce n'est donc pas aux

centres supérieurs ou à l'esprit humain que s'adresse
la suggestion, après que celle-ci ou d'autres actes
hypnogènes ont produit le sommeil. C'est aux
centres inférieurs qui président au mouvement, à la
sensation, aux autres fonctions vitales, et avant
tout à l'imagination, puissances organiques qui sont
demeurées excitées. « L'impression *(de la suggestion)* propagée par le nerf auditif au centre de la
sensibilité tactive ou visive crée l'image etc. (p. 199).»
et, « dans le sommeil provoqué l'idée de celui qui
l'a endormi reste présente dans l'esprit de l'hypnotisé, d'où la possibilité à l'endormeur de mettre en
jeu cette imagination (p. 203). » — Mais, si l'esprit
reprenait possession de ses droits? — Bernheim
répond : la pauvre raison humaine s'est envolée, et,
« quand l'organe psychique intervient c'est un fait
accompli qu'il enregistre, souvent avec surprise; qu'il
confirme par cela même qu'il en constate la réalité
(p. 198). » Qui est donc celui qui écoute et exécute
l'idée suggérée et introduite par le canal auditif?
Les centres réflexes de l'épine dorsale : « On sait
que l'impression transmise par un nerf sensitif peut
se réfléchir à travers les cornes grises de la moelle
(*épinière*), sans passer par le cerveau ; le mouvement suit l'impression non perçue (*par le cerveau*)
ou la sensation, sans être voulu : c'est l'acte réflexe
spinal : c'est l'automatisme spinal qui commande
ce mouvement (p. 181). » La moelle épinière

accomplit tant de merveilles ; il y a même, d'après Bernheim, une *mémoire spinale* (p. 183). » En vérité, certains savants savent avaler des hypo- thèses qui sont de terribles couleuvres ! Quand on suggère à un hypnotisé d'appliquer un soufflet à son voisin, il s'y prête en vertu d'un acte des cornes grises de la moelle épinière!

Mais, ne plaisantons pas : raisonnons. Etant donné l'absurde système que les suggestions doivent être exécutées par les centres de la moelle ou par d'autres, sans que le cerveau (ou l'intelligence, dirions-nous) en sache rien, comment celui qui suggère peut-il dominer l'hypnotisé à l'aide d'idées suggérées ? Ces idées sont-elles peut-être comprises par les nodosités nerveuses ? Ou bien ces fractions de moelle (cornes grises) auraient-elles une intel- ligence, une mémoire, une volonté, tout comme les âmes douées de raison ? Nous espérons qu'une absurdité de cette invention ne sera pas du goût des suggestionistes de bonne foi. Nous espérons que Bernheim lui-même, en y réfléchissant, s'apercevra de l'énorme bévue qu'il a commise. Et, en effet, si les centres nerveux de l'épine sont capables d'accep- ter les idées suggérées, il est certain que, pour les exécuter, ils doivent les comprendre ; car la sug- gestion est une impulsion non pas mécanique, mais morale et intellectuelle. Il serait logique, dès lors, d'admettre, dans le corps humain, autant de centres

pensants qu'il y a de centres nerveux réflexes, ce
qui constituerait précisément l'extravagante opinion
du docteur R. Hammond : « que les facultés mentales s'élaborent non seulement dans le cerveau,
mais aussi dans la moelle épinière (1) ». Mais, tous
les savants médecins ou non à qui répugne cette
collection grotesque d'âmes succédanées disposées
le long de l'échine et capables d'accueillir et d'exécuter les suggestions hypnotiques seront de notre
avis et de celui du bon sens.

Ils diront avec nous que l'hypothèse de centres
obéissant à l'hypnotiseur tandis que l'âme douée de
raison demeure paralysée et inerte est un conte à
narrer le soir au coin du feu; comme nous l'avons
prouvé, du reste, par d'autres arguments en grand
nombre aux §§ IX à XI. Si l'on veut que l'empire
de l'hypnotiseur soit basé sur la suggestion d'idées,
il faudra supposer et maintenir avec fermeté que
l'intelligence ou les centres nerveux corticaux,
ministres de la pensée ne sont pas du tout paralysés
par les suggestions, mais conservent au contraire
leur activité propre et remplissent leurs fonctions.
Mais cette hypothèse ou pour mieux dire cette affirmation serait diamétralement opposée à la doctrine
communément acceptée et tenue pour certaine par
l'école suggestioniste.

(1) Voir plus haut n° x.

Celle-ci en effet pose en principe que la suggestion, dès le premier instant du sommeil, paralyse les centres supérieurs ou de l'écorce grise cérébrale, et exalte les centres inférieurs et réflexes, ceux de la moelle épinière et les autres. Voilà pourquoi nous disons que la théorie inventée par les suggestionistes, pour expliquer la suggestion morale et physique de l'hypnotisé, implique contradiction avec les autres théories du système suggestif.

Ajoutez en outre que si la suggestion excitait, en effet, les centres secondaires, spinaux, réflexes ou autres en-dehors des centres supérieurs qui servent à la pensée, et si ces centres remplaçaient dans leurs fonctions propres les centres intellectuels, la suggestion devrait produire sur eux le même effet qu'elle produit (au dire des suggestionistes) sur les centres intellectuels. Quelle raison y aurait-il, pour que les centres inférieurs oui, mais capables de recevoir des idées et de les exécuter ne se paralyseraient pas de la même façon que les centres supérieurs, sous l'influence d'idées suggérées? Absolument aucune. De cette façon si l'hypothèse suggestioniste était vraie, les centres supérieurs et les centres inférieurs demeureraient tous paralytiques, et l'homme hypnotisé serait une machine, mais sans manivelle pour la mettre en mouvement. Adieu la soumission de l'hypnotisé! Adieu l'empire de l'hyp- notiseur!

Ajoutez enfin que si c'était bien la suggestion qui
livre l'hypnotisé à la merci de l'hypnotiseur, tout
suggestionneur quelconque pourrait exercer sur lui
un pouvoir égal. Car, comme nous l'avons vu, le
fait d'avoir endormi un autre ne lui assure aucun
pouvoir spécial sur lui; il n'est pas non plus la
cause que le dormeur tienne son endormeur immobilisé dans son esprit plus qu'un autre. Or, il n'est
personne qui ne sache que l'hypnotisé n'est soumis
à personne d'autre qu'à l'hypnotiseur, et cent mille
suggestions pressantes d'agents étrangers au mystère, n'aboutissent à rien (p. viii). Donc ce n'est pas
à la suggestion seule qu'est due la soumission de
l'hypnotisé, mais à la suggestion revêtue de certaines propriétés spéciales, que les hypnotistes
ne nous ont pas expliquées jusqu'ici, et ne nous
expliqueront peut être jamais. En attendant, il
demeure établi que la suggestion de sa nature, de
même qu'elle ne nous offre aucune raison naturelle
des autres phénomènes hypnotiques, ne nous en
donne aucune du phénomène le plus certain et
souvent le plus périlleux, de celui de la soumission
totale de corps et d'âme de l'hypnotisé à l'hypnotiseur.

XVI

CONCLUSION ET CORROLLAIRE PRATIQUE

Et à présent, avant de mettre fin à notre travail, essayons d'en rassembler les fils épars. Après avoir mentionné les différents systèmes inventés successivement, dans le but de nous offrir une explication naturelle et physiologique de l'hypnotisme, nous sommes arrivés à la découverte nouvelle de la suggestion. Nous avons exposé les détails principaux de ce système tel que les propose l'école de Nancy qui a aujourd'hui la vogue, son chef Monsieur Bernheim et ses adhérents (§ i-vi).

A l'encontre de cette théorie, nous avons démontré : 1° que les phénomènes hypnotiques constituent un état morbide, comme l'enseignent communément les médecins, à l'exception toute fois des suggestionistes. 2° Que la suggestion n'explique pas le phénomène initial et fondamental du sommeil où tombe le sujet suggéré. Il explique moins encore les phénomènes multiples et importants que les

hypnotiseurs obtiennent de la part du sujet endormi.
La prétendue interprétation suggestioniste renferme des hypothèses sans fondement, souvent
contraires aux données de l'expérience et des lois
connues de la nature (§ VII-VIII).

Spécialement la soi-disante dissociation des centres
nerveux jointe à la paralysie des centres intellectuels, et à la surexcitation des centres sensitifs et
réflexes n'explique rien. Cette prétendue dissociation est le pivot principal sur lequel s'appuie la
théorie suggestioniste. Mais, il est des plus fallacieux : premièrement parce que les docteurs confessent qu'ils savent fort peu de chose par rapport
à ces soi-disant centres intellectuels ou de l'écorce
cérébrale ; secondement parce que les centres
réflexes et indépendants du cerveau n'existent pas
chez l'homme, ni peut-être même chez la bête, au
moins chez les animaux des classes supérieures ;
troisièmement parce qu'alors même qu'il existe-
rait chez l'homme de véritables centres nerveux
réflexes, la suggestion morale ne jouirait d'aucune
efficacité pour les dissocier physiquement dans
leurs fonctions (§ IX-XI).

En dernier lieu, la soumission totale de l'hypnotisé à l'hypnotiseur qui accompagne l'hypnose,
qui est la base nécessaire de tous les phénomènes,
et qui est par elle-même un phénomène principal
ne saurait être expliquée par la suggestion de l'ex-

périmentateur. Elle ne peut être attribuée à la paralysie cérébrale, par la raison que l'idée suggérée ne paralyse pas les organes mentaux comme le prétendent les suggestionistes. Que si, par impossible, elle les paralysait, l'hypnotisé ne resterait pas pour cela sous la direction de l'hypnotiseur. Il est faux que le sujet endormi tienne sa pensée immobilisée en celui qui l'a endormi; il est faux qu'un individu puisse dominer directement les actes internes d'une autre personne, et par surcroît cette affirmation est en contradiction avec les doctrines suggestionistes elles-mêmes.

Quelle explication, la suggestion nous fournit-elle donc? Quelle partie du moins éclaire-t-elle d'un rayon nouveau? Quel pas fait-elle faire aux doctrines hypnotiques? Elle n'explique rien; elle ne répand de lumière d'aucune sorte, elle laisse l'hypnotisme au milieu de ses ténèbres natives.

Mais, dans ce cas, qu'elle est l'explication vraie? nous demande un lecteur qui a la passion de la vérité. Nous répondons que ce n'est pas là le but que nous nous sommes proposé dans cette étude sommaire.

Celle-ci est uniquement destinée à démontrer que: *La suggestion ne donne pas l'explication naturelle de l'hypnotisme.* Toutefois pour ne pas créer une déception à ceux qui nous consultent et qui nous témoignent si généreusement et avec tant de cour-

toisie leur confiance, nous présenterons ici les
conclusions que nous avons, en d'autres circonstances, logiquement déduites dans nos écrits, et
qui, grâce à Dieu, ont reçu de nombreuses appro-
bations de la part des savants en Europe et ailleurs :

Les phénomènes hypnotiques peuvent être par-
tagés, pour le moins, en deux classes. Il y a ceux
qui sont contraires aux lois connues de la nature,
c'est-à-dire contraires, *dans leur nature intrinsèque,
ou dans leur substance*, et ceux qui sont contraires
à ces mêmes lois, uniquement *dans la façon dont
ils se produisent*. Les premiers nous les croyons
causés par des forces prœternaturelles ou diabo-
liques. Nous n'oserions en dire autant des seconds.
Aussi, laissons-nous la chose dans le doute, et les
déclarons-nous *suspects* d'avoir une origine qui n'est
pas naturelle.

Parmi les premiers, nous rangeons les phénomènes vantés par les docteurs en hypnotisme : la
divination de faits libres ou dépendants de causes
physiques complexes et éloignées dans un temps à
venir, la connaissance d'actes purement mentaux
d'autres personnes, et la communication d'idées,
sans signes extérieurs ; la vue de faits, ou d'objets
naturellement cachés, comme indiquer un anneau
perdu, rapporter ce qui arrive dans un pays éloigné ;
parler des langues que l'on ne savait pas aupa-
ravant ; savoir faire sous l'influence hypnotique, ce

dont on est incapable autrement, par exemple lire,
faire de la musique, donner le diagnostic médical
d'une maladie interne, lorsqu'habituellement on ne
connaît ni l'alphabet, ni la musique, ni la médecine.
Dans le voisinage de ces faits qui évidemment dépassent les forces naturelles, viennent se placer la
soi-disante transposition des sens de façon que l'on
voit par l'épigastre, qu'on entend par les doigts, et
ainsi de suite; pénétrer par le regard à travers des
corps opaques, lire un livre fermé, compter l'argent
qu'un autre tient enfermé dans son porte-monnaie;
se soulever en l'air, soulever d'autres ou quelqu'objet lourd, par exemple, une table; faire éprouver
les effets d'une substance médicinale ou d'un poison,
que l'on montre de loin enfermées dans un récipient,
et même obtenir ces effets, sans montrer la substance, ou encore quand l'hypnotisé ignore ce que le
récipient contient. Ces phénomènes et d'autres
semblables, nous les jugeons contraires aux lois
naturelles connues, lois qui sont inviolables, sans
le concours d'une cause prœternaturelle.

La question de savoir si de pareils phénomènes
se produisent réellement pendant l'hypnose est
hors de propos. Certains docteurs les contestent.
Ce qui est certain c'est que les docteurs hypnologues et les journaux hypnotiques en rapportent

des exemples, dont quelques-uns semblent prouvés et indubitables; (1) dans les séances spirites c'est pain quotidien. Quoiqu'il en soit, s'ils se vérifient; ils sont prœternaturels; et par suite, il n'est pas permis de les produire chez autrui, ni de s'y prêter comme instrument passif.

Dans la seconde catégorie, nous rangeons les phénomènes qui, *en eux-mêmes* ne répugnent pas aux lois naturelles, parce que nous les voyons parfois apparaître spontanément, dans des circonstances données, spécialement dans des névropathies déterminées et dans les crises hystériques. Ce sont les phénomènes du sommeil léthargique imposé au sujet à hypnotiser par la voie de la suggestion, ou d'objets brillants donnés à fixer, ou de pression sur les pupilles, sur le crâne ou sur d'autres parties, ou par la voie d'autres actes hypnogéniques et variables à l'infini. C'est à l'aide de semblables moyens que l'hypnotisé est amené à l'état épileptique, cataleptique et somnambulique : et durant ces phases, d'après les ordres donnés, il manifeste des phénomènes de mouvement du système nerveux autonome et de l'automatique, d'agitation des membres, de gonflements, d'altération du pouls et de la respiration; il peut être réduit à la paralysie partielle, ou une partie paralysée peut récupérer

(1) V. FRANCO *Hypnotisme* pp. 25 et suiv. 64, 88, etc.

son activité; il exécute, toujours forcé par le commandement, des actes de locomotion, il saute, il
danse, monte, descend, se raidit et tombe dans
l'état de repos absolu.

On peut lui faire éprouver des sensations fausses,
comme celle d'être glacé dans une atmosphère
chaude, de chaleur dans un milieu glacé, d'avoir le
goût d'amertume avec un objet doux et réciproque-
ment, de prendre une couleur pour une autre; il
peut être forcé à exalter ses facultés sensitives à un
point excessif ou à les déprimer jusqu'à l'anesthésie absolue, comme est la cécité, la surdité, l'absence
de goût, l'aphasie etc. On peut lui produire des
désordres dans l'imagination et par conséquent dans
l'intelligence et la volonté avec des hallucinations
déterminées qu'on lui impose et des divagations,
avec l'oubli des choses qu'il a sues, jusqu'à ne plus
reconnaître ses connaissances à oublier son passé,
sa demeure, son nom, jusqu'à se croire une autre
personne ou un animal; il peut être amené forcément à l'aboulie ou à l'impuissance de vouloir et
de ne pas vouloir, à perdre sa conscience et tout
sentiment habituel d'honnêteté. Ce dernier phénomène est ordinaire durant l'hypnose et s'accomplit après l'hypnose avec l'inconscience de ce que
l'on a fait. En sens contraire, on peut imposer au
sujet un ordre à échéance, et il l'exécutera nécessairement après vingt heures, ou plusieurs jours au

moment fixé. Un phénomène à noter c'est celui de
la cessation de l'hypnose. Si les moyens qui servent
à la faire sont minimes, on la fait cesser par un
rien, par un souffle, un attouchement, un mot, alors
même que l'hypnose serait au comble de la crise la
plus violente.

Pour ce qui est de cette seconde catégorie de
phénomènes, nous croyons devoir établir, que bien
qu'ils paraissent naturels *dans leur substance*, ils
ne semblent pas également naturels *dans la façon
dont ils se produisent*. En effet lorsque, dans les
maladies, ou dans tout autre état physiologique, de
semblables phénomènes sont produits spontanément
par la nature infirme, ils ont leur étiologie ou leur
pathogénèse propre; ils débutent et ils ont leur
origine dans des causes appropriées, ils ont leurs
indications et leurs signalements. Ils présentent
dans leur marche des symptômes plus clairs,
revêtent une forme propre, dans laquelle ils per-
sistent, montent jusqu'à leur paroxisme, finalement,
ils se terminent par une crise funeste au patient,
ou se calment au contraire graduellement descendant pour ainsi dire le tracé de la parabole correspondant à celui qu'ils ont suivi dans leur ascension.

On pourra y observer du plus ou du moins, du
plus tôt ou du plus tard; mais la nature, ne va jamais
à l'encontre de sa marche ordinaire. Les phénomènes
hypnotiques, au contraire, quelqu'analogie qu'ils

puissent présenter avec les phénomènes naturels
et spontanés, au lieu d'une cause physique, ont
une cause morale, la volonté, où, si on le veut la
suggestion de l'hypnotiseur.

Alors même que celui-ci cherche à mettre
en mouvement les causes physiques internes, il n'en
demeure pas moins vrai, que celles-ci reçoivent la
première impression de la part de la volonté impérieuse d'un individu étranger. De plus : les symptômes ne se terminent pas, d'après le procédé gra-
duel de la nature, mais ils obéissent au caprice du
suggestionneur ; ils sont nets, foudroyants, sans
rapport avec la première maladie ou état hypnotique
inoculé ; les suivants sont même contraires aux
précédents. Vous aurez absorbé un verre d'eau qui
a pris pour vous le goût commandé de l'huile de
ricin, on vous impose d'y sentir du fiel, vous le
portez à vos lèvres, c'est du fiel. Vous tremblez de
froid sur l'ordre de l'hypnotiseur, il vous commande d'avoir chaud, vous êtes en sueur. On vous
avait imposé un mal de dents, une douleur d'en-
trailles ; un nouvel ordre les fait disparaître, un
troisième les renouvelle. Une hallucination suggérée
vous menace de tomber dans un précipice, une
suggestion suivante vous transporte dans un jardin.
Dites en autant de la suppression ou du retour de
la mémoire, de la volonté, de la personnalité propre,
de la conscience morale. Rien ne nous semble plus

contraire à la marche constante de la nature, que
cette succession de phénomènes qui supposent des
dispositions naturelles contraires. Finalement un
signe, au gré de l'hynotiseur fera disparaître l'en-
chantement, et vous rentrerez subitement dans votre
état ordinaire de corps et d'esprit.

Il est manifeste, à première vue, que le procédé
hypnotique n'est comparable en rien au procédé de
la nature. Ils sont au contraire diamétralement
opposés dans leur début, dans les manifestations
symptômatiques de la maladie, ou de l'état physiologique et dans leur terminaison. Pouvons-nous
donc les accepter tous deux, comme des produits
de la nature? Nous ne le croyons pas. Le phénomène hypnotique sera peut-être très naturel, au
point de vue de *sa substance*, il pourra fort bien se
produire spontanément, dans quelques maladies, ou
dans d'autres circonstances physiologiques ; mais,
dans la façon dont il se produit dans son développement, dans sa terminaison, il y a lieu de *soupçonner* qu'il n'est pas naturel. Que des bords du Nil
soient sorties des grenouilles, c'était un fait archi-
naturel, en lui-même, mais qu'elles en soient sorties
en nombre infini, qu'elles soient entrées dans les
salons de Pharaon, et jusque dans son lit, que ce
phénomène se soit passé surtout sur un simple signe
de la verge de Moïse, et qu'elles aient disparu de la
même façon, ça été un fait surnaturel et miraculeux

dans la façon dont il s'est produit. Lorsque les Mages opérèrent quelque chose de semblable (1) ils opérèrent une chose naturelle *en elle-même* prœternaturelle, dans la façon dont elle s'est produite (*per incantationes*), c'est-à-dire prestigieuse et diabolique.

Tel est notre avis par rapport aux phénomènes hypnotiques, qu'il s'agisse des phénomènes supérieurs qui sont évidemment prœternaturels et dans leur substance et dans la façon dont ils se produisent, ou des phénomènes inférieurs qui par euxmêmes ne dépassent pas les forces naturelles, mais qui ne nous semblent pas naturels, dans la façon dont ils se produisent.

Heureux d'avoir fait pénétrer un rayon de lumière dans ces ténèbres, nous attendons avec respect des éclaircissements meilleurs et plus autorisés de la part de la sainte Église.

(1) *Fecerunt autem et malefici per incantationes suas similiter, eduxeruntque ranas super terram Ægypti.* (Exod. VIII. 7).

TABLE DES MATIÈRES

LIBRAIRIE TÉQUI, 85 RUE DE RENNES
PARIS

LA CAUSE DE L'HYPNOTISME
Par l'Abbé FERRET
Un volume in-12. Prix : 3 fr.

L'hypnotisme et tous les phénomènes qui s'y
rattachent ont dans ces derniers temps, tellement préoccupé les esprits, qu'on ne saurait
s'en désintéresser complètement. Un livre écrit
avec méthode, mesure et sagesse, qui, plein
de faits, étudierait la question sans parti pris et
montrerait à quel agent secret il faut attribuer
la cause de l'hypnotisme, serait certes le bien
venu, et, tout en satisfaisant une légitime curio-
sité, il donnerait la véritable solution de cette
importante question. Tel est le livre que vient
d'écrire M. l'abbé Ferret, et que nous n'hésitons
pas à recommander à nos lecteurs. Il est plein
d'un réel intérêt, écrit avec verve et conforme à
la sainte doctrine.

(L'UNIVERS)

Extrait de la Table des Matières

Paris. — Imp. Téqui, 92 rue de Vaugirard.

Paris — imp. Jequi, 92 rue de Vaugirard.

www.ingramcontent.com/pod-product-compliance
Lightning Source LLC
Chambersburg PA
CBHW072111090426
42739CB00012B/2920